NAJLEPSZA KSIĄŻKA KUCHARSKA DOTYCZĄCA OWADÓW

Odkrywanie zrównoważonego i pysznego świata entomofagii dzięki 100 łatwym do wykonania przepisom opartym na owadach i kolorowym zdjęciom

Marcelina Kowalska

Materiały chronione prawami autorskimi ©2023

Wszelkie prawa zastrzeżone

Bez odpowiedniej pisemnej zgody wydawcy i właściciela praw autorskich ta książka nie może być używana ani rozpowszechniana w jakikolwiek sposób, w jakiejkolwiek formie lub formie, z wyjątkiem krótkich cytatów użytych w recenzji. Tej książki nie należy traktować jako substytutu porady medycznej, prawnej ani innej profesjonalnej porady.

SPIS TREŚCI

SPIS TREŚCI	3
WSTĘP	8
świerszcze	9
1. Szaszłyki z krykieta	10
2. Krykietowa Sałatka Cezara	12
3. Wrapy z krykieta i serem śmietankowym	14
4. Pizza-0	16
5. Czekoladowe brownie z mąki świerszczowej	18
6. Bochenek świerszcza	21
7. Domowe świerszcze i daktyle	24
8. Domowa przekąska do krykieta z grilla	26
9. Uniwersalna mąka do krykieta	28
10. Czekoladowy Chleb Bananowy Espresso	30
11. Naleśniki bananowe z białkiem ze świerszcza	32
12. Mini babeczki cytrynowo-pomarańczowe z malinami	34
13. Koktajl ananasowo-malinowy	37
14. Koktajl białkowy z mango świerszcza	39
15. Koktajl białkowy z awokado	41
16. Koktajl żurawinowo-mango z białkiem krykieta	43
17. Koktajl Cricket Dragon	45
18. Zielona sałatka z granatu i orzechów nerkowca	47
19. Sos cytrynowy	49

20. Sos musztardowy	51
21. Sos Alfredo	53
22. Pieczone brokuły Alfredo	55
23. Serowy dip do krykieta z kwaśnej śmietany	57
24. Pikantna Pieczona Papryka	59
25. Śnieżny groszek nadziewany krykietem	61
26. Kurczak z Bekonem	63
27. Mięsne taco ze świerszcza	65
28. Pizza z krykieta	67
29. Ciasteczka waniliowe z mąki ze świerszczy	69
30. Trzywarstwowe ciasteczka	71
31. Ciasto z likierem orzechowym	73
32. Glazura z likieru orzechowego	75
33. Podwójne czekoladowe chrupki do krykieta	77
34. Ciemne ciasteczka imbirowe z melasą	79
35. Czekoladowe ciasteczka z masłem orzechowym	81
36. Chleb kokosowy	83
37. Naleśniki ze szpinakiem chia	85
38. Babeczki ze świeżymi jagodami	87
39. Bryłki brokułów	89
40. Zdrowe gofry	91
41. Naleśniki Serowo-Migdałowe	93
42. Babeczki dyniowe	95
43. Zapiekanka z klopsikami z wołowiny i kurczaka	97

44. Smażony krab 100
45. Kotlet Z Kurczaka I Indyka 102
46. Papryczki kokosowe z kurczaka 105
47. Pakiety kalafiora o zapachu rozmarynu 107
48. Kulki dyniowe 109
49. Burger w krykieta 111
50. Świerszcze z masłem chermoula 114

szarańcza i koniki polne **116**

51. Chilli Szarańcza 117
52. Smażona szarańcza 119
53. Pieczone na sucho koniki polne 121
54. Konik polny przekąska / dodatek 123

CYKADY **125**

55. Pikantne Cykady Popcornowe 126
56. Cykada w tempurze ze Sriracha Aioli 129
57. Cykadowe Ciasteczka 131

MĄCZNIKI **133**

58. Gołąb Tikka Masala Z Mealworm Pilau 134
59. Koktajl owocowy z mąki z owadów 137
60. Babeczki z mącznika 139
61. Muffinki z jagodami 142
62. Niespodzianka z czekoladowego brownie 144
63. Czekoladowe ciasteczka z mącznika 146
64. Chrupiący Sernik Mealworm 148

65. Sałatka z soczewicy z mącznika	150
66. Mini-pizze z mikro-żywym inwentarzem	152
67. Sałatka soba z mącznika	154
68. Pikantny Mealworm Mac N' Cheese	156
69. Czekoladowe trufle z robakiem	158
LATAJĄCY TERMIT	**160**
70. Latający termit i rozkosz taro	161
71. Czekoladowe Naleśniki Swarmer	163
72. Burgery z termitami	165
73. Termit w dziurze	167
74. Owsianka z termitów	170
75. Pikantna rolada z termitów i jajek	172
76. Rozprzestrzenianie się termitów	174
77. Termitowa przekąska lub dodatek	176
78. Koktajl jagodowy	178
79. Koktajl z masłem orzechowym	180
80. Smoothie bananowo-migdałowe	182
81. Wiśniowo-migdałowy koktajl	184
82. Shake miodowo-bananowy	186
83. Ciasto marchewkowe	188
84. Key Limonkowy shake	190
85. Brzoskwiniowy koktajl owsiany	192
86. Waniliowy koktajl Chai	194
87. Szarlotka a la Mode Shake	196

88. Cynamonowa Bułka Shake	198
89. Hawajski koktajl o wschodzie słońca	200
90. Shake Snickerdoodles	202
91. Shake z kawałkami czekolady	204
ROBAK MOPANE	**206**
92. Bułeczki z robakiem Mopane	207
93. Mopane Robak Samosa	210
94. Kule robaka Mopane	213
CHRZAKI WŁOSOWE	**215**
95. Babeczki z chrząszczami	216
96. Placuszki z chrząszcza	219
śmierdzące robaki	**221**
97. Śmierdzące bryłki imbiru	222
98. Miętowe ciasteczka śmierdzące	225
99. Jadalny Śmierdzący Robak i Fasola	227
100. Sałatka Grzybowa Z Jadalnymi Owadami	229
WNIOSEK	**231**

WSTĘP

Witamy w NAJLEPSZA KSIĄŻKA KUCHARSKA DOTYCZĄCA OWADÓW, książce kucharskiej, która przedstawia wyjątkowe i ekscytujące podejście do zrównoważonej i pysznej żywności. W tej książce kucharskiej odkrywamy świat entomofagii, praktyki jedzenia owadów i oferujemy 100 przepysznych przepisów z różnymi owadami. Każdy przepis zawiera łatwe do wykonania instrukcje i kolorowe zdjęcie, dzięki czemu możesz dokładnie zobaczyć, co tworzysz. Chociaż wiele osób może wahać się przed spożywaniem owadów, są one niezwykle zrównoważonym i pożywnym źródłem pożywienia. Owady są obfite, wymagają minimalnych zasobów do hodowli i mają wysoką zawartość białka i składników odżywczych. W rzeczywistości już ponad 2 miliardy ludzi na całym świecie uwzględnia owady w swojej diecie! W tej książce kucharskiej staramy się rozwiać wszelkie z góry przyjęte przekonania na temat jedzenia owadów i pokazać, jak smaczne i wszechstronne mogą być. Nasze przepisy obejmują zarówno klasyczne dania z niespodzianką, takie jak tacos ze świerszcza i smażony konik polny, jak i bardziej odważne przepisy, takie jak pizza z mącznika i czekoladowe trufle w mrówkach. Niezależnie od tego, czy jesteś doświadczonym entomofagiem, czy próbujesz tego po raz pierwszy, NAJLEPSZA KSIĄŻKA KUCHARSKA DOTYCZĄCA OWADÓW ma coś dla każdego. Wybierz się więc z nami w tę ekscytującą kulinarną podróż i odkryjmy razem świat entomofagii!

świerszcze

1. Kebaby z krykieta

SKŁADNIKI:
- ½ szklanki świerszczy
- ½ szklanki kawałków czerwonej cebuli
- ½ szklanki kawałków papryki

INSTRUKCJE:

a) Paprykę, czerwoną cebulę i świerszcze nadziać na koniec sztućców.

b) Szaszłyki opiekamy nad ogniem lub maczamy w wybranym sosie w zestawie do fondue.

2.Krykietowa Sałatka Cezara

SKŁADNIKI:
- 2 piersi z kurczaka
- 1 garść świerszczy
- 1 duża świeża sałata
- 1 średni blok parmezanu
- 1 bochenek chleba ciabatta (na grzanki)
- Sos sałatkowy Cezar

INSTRUKCJE:
a) Piersi z kurczaka smażymy na odrobinie oliwy z oliwek, solą i pieprzem.
b) Piecz świerszcze z odrobiną soli i pieprzu na małym ogniu.
c) Sałatę myjemy i kroimy na małe kawałki.
d) Zetrzyj parmezan i odłóż na bok.
e) Chleb pokroić w drobną kostkę i usmażyć lub upiec według uznania.
f) Połącz wszystkie składniki i dodaj sos sałatkowy.
g) Wrzuć i podawaj.

3. Wrapy z krykieta i serem śmietankowym

SKŁADNIKI:
- 1 opakowanie wrapów z tortilli
- 1 opakowanie serka Philadelphia
- ½ szklanki świerszczy
- Świeża rakieta

INSTRUKCJE:
a) Umieść opakowanie tortilli na płaskiej powierzchni.
b) Posmarować kremowym serkiem Philadelphia.
c) Posypać pieczonymi świerszczami.
d) Dodaj posiekaną, świeżą rukolę.
e) Zwiń ciasno tortillę, pokrój w krążki i podawaj.

4. Pest-O Pizza

SKŁADNIKI:
- Baza do pizzy
- 1 garnek sosu pomidorowego
- 1 opakowanie tartej mozzarelli
- Ricotta (opcjonalnie)
- Ser kozi (opcjonalnie)
- Sos Pesto
- Garść świerszczy
- Garść koników polnych
- 1 łyżeczka mrówek

INSTRUKCJE:
a) Przygotuj bazę do pizzy.
b) Rozłóż sos pomidorowy na dnie.
c) Dodaj trochę sosu pesto.
d) Rozprzestrzeniaj świerszcze, koniki polne i mrówki.
e) Wykańczać z serem i zapiekać w piekarniku nagrzanym do 200C przez 15 minut do zarumienienia.

5. Czekoladowe brownie z mąki do krykieta

SKŁADNIKI:

- 215 g niesolonego masła
- 185 g wysokiej jakości ciemnej czekolady
- 45 g mąki ze świerszczy
- 40 g mąki pszennej
- 40 g kakao w proszku
- 50g białej czekolady
- 3 duże jajka
- 275 g złotego cukru pudru
- 3 łyżki odwodnionych mrówek

INSTRUKCJE:

a) Pokrój masło na małe kostki i umieść w średniej misce. Dodaj gorzką czekoladę (połamaną na małe kawałki). Doprowadź rondel z wodą do wrzenia, a następnie postaw miskę na wierzchu, tak aby opierała się o brzeg garnka, nie dotykając wody.

b) Postaw na małym ogniu i mieszaj od czasu do czasu, aż masło i czekolada się rozpuszczą, a następnie zdejmij miskę z garnka. Pozostaw do ostygnięcia do temperatury pokojowej.

c) Umieść półkę na środku piekarnika i włącz piekarnik do 160 °C. Spód płaskiej kwadratowej formy o boku 20 cm wyłóż papierem do pieczenia. Teraz przesiej oba rodzaje mąki i kakao w proszku do miski. Czekoladę białą i mleczną posiekać na desce w grube kwadraty.

d) Mikserem elektrycznym ustawionym na maksymalną prędkość ubij jajka i cukier puder na najwyższych obrotach, aż będą gęste i kremowe jak koktajl mleczny.

e) Wlać schłodzoną mieszankę czekoladową na mus jajeczny, a następnie delikatnie wymieszać gumową szpatułką. Złóż mieszankę na siebie, delikatnie przesuwając miskę po każdym złożeniu, abyś mógł dostać się do niej ze wszystkich stron. Złóż, aż dwie mieszaniny staną się jedną, a kolor będzie ciemnobrązowy.

f) Ponownie przesiać mieszankę kakao i mąki do miski z jajeczną mieszanką czekolady, a następnie delikatnie wymieszać tę moc, wykonując tę samą czynność ósemki, co poprzednio. Nie przesadzaj z tym, ponieważ ważne jest, aby zachować napowietrzanie.

g) Na koniec wmieszaj mrówki, kawałki białej i mlecznej czekolady, aż pokryją się kropkami.

h) Wlej mieszaninę do formy, zeskrobując każdy kawałek z miski szpatułką. Piecz przez 25 minut, a następnie sprawdź, czy brownie chwieje się w środku po delikatnym potrząśnięciu. Jeśli coś się rusza, włóż z powrotem na 5 minut, aż wierzch będzie miał błyszczącą, papierową skórkę, a boki dopiero zaczną odchodzić od formy. Wyjąć z piekarnika.

i) Pozostaw brownie w foremce do całkowitego ostygnięcia, a następnie pokrój według uznania i podawaj.

6. bochenek do krykieta

SKŁADNIKI:
- ¼ filiżanki kawy
- 250 g mąki samorosnącej
- 100 g margaryny lub masła
- 100 g brązowego cukru
- 1 łyżeczka proszku do pieczenia
- 1 łyżeczka esencji cytrynowej
- 60 ml kwaśnego mleka
- 2 jajka
- 25 g sproszkowanych mielonych świerszczy (przesianych 0,5 mm)

INSTRUKCJE:

a) Oczyścić świeże owady i wysuszyć w piekarniku w temperaturze 70°C przez 2 godziny.

b) Zmiażdż wysuszone owady tłuczkiem i smołą na drobny proszek.

c) Rozgrzej piekarnik do 180°C. Natłuść i wyłóż keksówkę papierem do pieczenia i odłóż na bok.

d) Margarynę lub masło utrzeć z cukrem na jasną i puszystą masę. Dodaj jajka, kawę, sproszkowane świerszcze i esencję cytrynową.

e) Złóż razem, aż będzie gładkie.

f) Mąkę samorosnącą i proszek do pieczenia przesiać. Stopniowo dodawać do ubitej śmietany, ciągle mieszając. Dodaj kwaśne mleko, aby uzyskać konsystencję kropli.

g) Wlać do formy i piec przez 40-45 minut lub do momentu, gdy wykałaczka wyjdzie czysta. Okres przydatności do spożycia: najlepiej spożyć w ciągu tygodnia.

7. Domowe świerszcze i daktyle

SKŁADNIKI:
- 15 mrożonych świerszczy
- 15 dat

INSTRUKCJE:

a) Daktyle przekroić z boku, wyjąć pestkę i napełnić je mrożonymi świerszczami.

b) Pozwól im się rozmrozić, aby orzechowy smak świerszczy połączył się ze słodkim smakiem daktyli.

8. Domowa przekąska do krykieta z grilla

SKŁADNIKI:
- Świerszcze
- kilka kropli oleju sezamowego lub oliwy z oliwek

INSTRUKCJE:
a) Usuń skrzydła.
b) Wymieszaj świerszcze z kilkoma kroplami sezamu lub oliwy z oliwek i gotuj pod grillem przez około dziesięć minut, aż staną się chrupiące.
c) Aby uzyskać alternatywne instrukcje na patelni, smaż bezskrzydłe świerszcze w kilku kroplach sezamu lub oliwy z oliwek przez około dziesięć minut, aż będą chrupiące. Cieszyć się!

9. Uniwersalna mąka do krykieta

SKŁADNIKI:
- ⅔ szklanka mąki uniwersalnej
- ⅓ szklanka mąki do krykieta

INSTRUKCJE:

a) Mieszać ⅔ szklanka uniwersalnej mąki do pieczenia i ⅓ szklanka mąki do krykieta.

b) Użyj tego stosunku, aby stworzyć własne partie uniwersalnej mąki do krykieta do pieczenia.

10. Czekoladowy Espresso Chleb Bananowy

SKŁADNIKI:

- 3-4 bardzo dojrzałe banany
- 1 ½ uniwersalnej mąki do pieczenia
- ½ szklanki cukru kokosowego
- ½ szklanki brązowego cukru
- ⅓ szklanka roztopionego masła
- 1 jajko
- 3 łyżki mąki krykietowej
- 1 filiżanka espresso
- 1 łyżeczka ekstraktu waniliowego
- 1 łyżeczka sody oczyszczonej
- 1 szczypta soli morskiej

INSTRUKCJE:

a) Rozgrzej piekarnik do 350 ° F.

b) W misce wymieszaj banany i roztopione masło, aż do całkowitego wymieszania.

c) Następnie dodaj i wymieszaj sodę oczyszczoną, sól, brązowy cukier, cukier kokosowy i dobrze ubite 1 jajko.

d) Następnie dodaj ekstrakt waniliowy, 1 porcję espresso schłodzonego do temperatury pokojowej, proszek do świerszczy i mąkę do pieczenia, aby wszystko razem wymieszać.

e) Lekko nasmaruj formę do pieczenia chleba o wymiarach 4 cale x 8 cali i dodaj końcową mieszankę. Ustaw na środku na ruszcie i piecz przez 50
minuty. Cieszyć się!

11. Naleśniki Bananowe Z Białkiem Krykieta

SKŁADNIKI:

- 2 banany
- 2 jajka
- 1 łyżka mąki ze świerszczy
- ¼ szklanki mleka migdałowego

INSTRUKCJE:

a) W małej misce do mieszania dodaj 1 ½ banana, jajka, mąkę ze świerszczy i mieszankę migdałów i mieszaj razem, aż mieszanina zostanie całkowicie połączona.
b) Pokrój pozostałe ½ banana i odłóż na bok.
c) Używając lekko naoliwionej patelni ustawionej na średnim ogniu, dodaj ⅓ szklankę mieszanki na patelnię, aby rozpocząć gotowanie.
d) Smaż na złoty kolor z obu stron.
e) Zdjąć z ognia i dodać pokrojonego banana i dowolne dodatkowe dodatki według uznania. Cieszyć się!

12. Mini Babeczki Cytrynowo-Pomarańczowe z Malinami

SKŁADNIKI:

- 2⅓ kubki mąki do krykieta
- Uniwersalna mąka do pieczenia
- ⅓ filiżanka cukru
- 2 łyżeczki proszku do pieczenia
- ¼ łyżeczki sody oczyszczonej
- ½ łyżeczki soli
- 8 łyżek mrożonego niesolonego masła
- 1 duże jajko
- ½ szklanki jogurtu greckiego
- 1 łyżka świeżo wyciśniętej cytryny
- Skórka otarta z 1 cytryny
- 1 ½ łyżeczki skórki z pomarańczy Valencia
- 1 łyżeczka ekstraktu waniliowego
- 1 szklanka świeżych malin

INSTRUKCJE:

a) Rozgrzej piekarnik do 400 ° F.
b) Lekko natłuścić 2 foremki na muffiny.
c) W średniej misce wymieszaj cukier, skórkę pomarańczową i skórkę z cytryny i wymieszaj. Następnie dodaj pozostałą mąkę do pieczenia Cricket All Purpose, proszek do pieczenia, sodę oczyszczoną i sól i mieszaj do połączenia.
d) Zetrzyj zamrożone masło na proszek i mieszaj, aż składniki się połączą i zlepią.
e) W osobnej misce wymieszaj jogurt, jajko, ekstrakt waniliowy i sok z cytryny.
f) Delikatnie wymieszaj płynną mieszankę z suchym proszkiem, aż się połączy, uważając, aby nie przemieszać.
g) Delikatnie wmieszaj świeże maliny.
h) Nakładać łyżką do foremek do połowy wypełnionych i piec na środkowej półce przez 15 minut, aż uzyskają złoty kolor.

13. Smoothie ananasowo-malinowe

SKŁADNIKI:
- ¾ szklanki soku ananasowego
- 1 szklanka mrożonych malin
- 2 łyżki mąki ze świerszczy
- 1 świeży banan
- ½ szklanki lodu

INSTRUKCJE:

a) Używając blendera kuchennego, najpierw dodaj sok ananasowy, obranego banana i mąkę ze świerszczy.

b) Następnie dodaj zamrożone maliny i lód i zmiksuj wszystkie składniki razem na średnim proszku, aż będą gładkie.

c) Cieszyć się!

14. Koktajl białkowy z mango Cricket

SKŁADNIKI:
- 1 szklanka mrożonego mango
- ⅔ szklanka mleka kokosowego
- ½ szklanki jogurtu greckiego
- ½ szklanki lodu
- 2 łyżki mąki ze świerszczy
- 1 szklanka mleka migdałowego

INSTRUKCJE:
a) W blenderze połącz wszystkie składniki i zmiksuj na gładką masę.
b) Cieszyć się!

15. Koktajl proteinowy z awokado

SKŁADNIKI:
- 2 dojrzałe awokado
- 1 szklanka mleka kokosowego
- 2 łyżki miodu koniczynowego
- 2 łyżki mąki ze świerszczy

INSTRUKCJE:
a) W blenderze połącz wszystkie składniki i zmiksuj na gładką masę.
b) Cieszyć się!

16. Koktajl żurawinowo-mango z białkiem krykieta

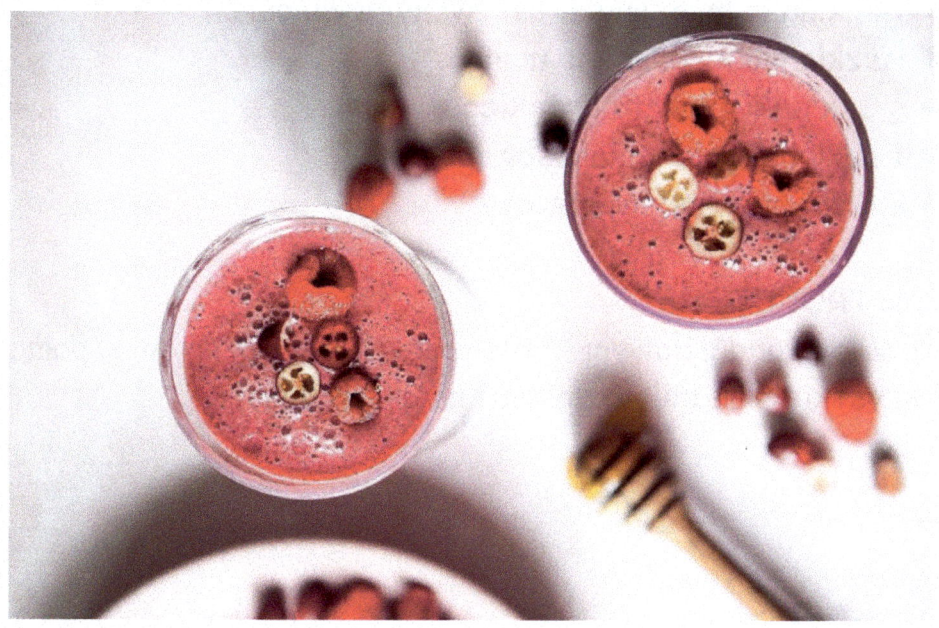

SKŁADNIKI:
- ⅓ szklanka mrożonej żurawiny
- ⅔ szklanka mrożonych czerwonych winogron
- ⅔ szklanka mrożonego mango
- ½ szklanki jogurtu greckiego
- 1 szklanka mleka kokosowego
- 2 łyżki mąki ze świerszczy

INSTRUKCJE:
a) W standardowym blenderze kuchennym połącz wszystkie składniki i zmiksuj na gładką masę.

17. Koktajl Cricket Dragon

SKŁADNIKI:

- ¾ szklanki mrożonej pitai/smoczego owocu
- 1 szklanka mrożonych plasterków mango
- Mąka z krykieta
- ¾ szklanki soku ananasowego

INSTRUKCJE:

a) W standardowym blenderze kuchennym połącz wszystkie składniki i zmiksuj na gładką masę.

18. Zielona sałatka z granatu i orzechów nerkowca

SKŁADNIKI:

- 1 ½ szklanki mieszanych warzyw
- 1 ½ łyżki pestek granatu
- 1 łyżka prażonych orzechów nerkowca
- 1 łyżka sosu sałatkowego (opcjonalnie)
- Ser kruszony, taki jak feta, pleśniowy lub kozi.

INSTRUKCJE:

a) Na talerzu lub w misce dodaj mieszankę zieleni, prażone orzechy nerkowca i nasiona granatu. Dodaj ser, jeśli używasz.

b) Wymieszaj z ulubionym dressingiem do sałatek.

19. Sos cytrynowy

SKŁADNIKI:

- 3 łyżki oliwy z oliwek extra vergine
- 3 łyżki świeżego soku z cytryny
- 1 łyżeczka mąki z krykieta
- ½ łyżeczki świeżej kolendry
- ½ łyżeczki mielonego czosnku

INSTRUKCJE:

a) W małej misce do mieszania dodaj wszystkie składniki i wymieszaj, aż do całkowitego wymieszania.
b) Cieszyć się!

20. Dressing Musztardowy

SKŁADNIKI:

- 3 łyżki oliwy z oliwek extra vergine
- 2 łyżki octu jabłkowego
- 1 łyżeczka przygotowanej musztardy
- 1 łyżeczka mąki z krykieta
- 2 łyżeczki miodu

INSTRUKCJE:

a) W małej misce do mieszania dodaj wszystkie składniki i wymieszaj, aż do całkowitego wymieszania.
b) Cieszyć się!

21. Sos alfredo

SKŁADNIKI:

- 1 łyżeczka masła
- 2 ząbki czosnku
- 1 łyżka mąki uniwersalnej
- 1⅓ szklanki odtłuszczonego mleka
- 2 łyżki serka śmietankowego
- 1 ¼ szklanki tartego parmezanu
- 2 łyżeczki mąki z krykieta

INSTRUKCJE:

a) W robocie kuchennym zmiksuj mleko i proszek ze świerszczy do uzyskania
b) całkowicie wymieszany.
c) Użyj średniej patelni do sosu, aby zrobić zasmażkę: połącz
d) masło, czosnek, mąka uniwersalna i mleko w proszku ze świerszczy
e) mieszanina. Stale mieszaj na średnim ogniu przez 3-4 minuty
f) aż zgęstnieje.
g) Dodaj oba parmezan z sera śmietankowego i kontynuuj
h) mieszając, aż ser całkowicie się rozpuści.

22. Pieczone brokuły Alfredo

SKŁADNIKI:
- 4 szklanki różyczek brokuła
- ½ łyżeczki mielonego czosnku
- ⅓ szklanka oliwy z oliwek
- Sos alfredo

INSTRUKCJE:

a) Rozgrzej piekarnik do 400 °F.

b) Opłucz brokuły i rozłóż różyczki na blasze do pieczenia.

c) W małej misce wymieszaj oliwę z oliwek i posiekany czosnek i delikatnie skrop brokuły.

d) Pieczemy 15 minut, aż lekko się zarumienią.

e) Gorącym sosem Alfredo polej chochlą pieczone brokuły i natychmiast podawaj.

23. **Serowy dip do krykieta z kwaśnej śmietany**

SKŁADNIKI:

- 8 uncji kwaśnej śmietany
- 8 uncji sera śmietankowego
- ½ łyżki mielonego czosnku
- ⅓ szklanka zielonej cebuli
- 1 łyżeczka kolendry
- ½ łyżeczki kminku
- 1 szklanka rozdrobnionego sera cheddar
- ½ uncji suchej mieszanki sosów do sałatek ranczo
- 1 pokrojony w kostkę pomidor
- ½ łyżki mąki z krykieta
- 1 pokrojona w kostkę papryczka jalapeno

INSTRUKCJE:

a) W średniej misce wymieszać wszystkie składniki i schłodzić przez 2 godziny przed podaniem.

b) Podawaj z mieszanką chipsów tortilla i smacznego!

24. Pikantna Pieczona Papryka

SKŁADNIKI:

- 5 papryczek Anaheim
- 2 szklanki mieszanki czterech serów
- 2 łyżeczki mąki z krykieta
- 1 jajko
- $\frac{1}{4}$ łyżeczki chili w proszku
- $\frac{1}{8}$ łyżeczki białego pieprzu
- 1 szczypta soli
- 2 łyżeczki płatków czerwonej papryki

INSTRUKCJE:

a) Rozgrzej piekarnik do 375 ° F. Natłuść dużą blachę do pieczenia lub blachę do pieczenia.
b) Opłucz papryki i pokrój każdą paprykę wzdłuż.
c) Usuń wszystkie nasiona.
d) W misce wymieszaj ser, jajko, świerszcz w proszku, sól, chili w proszku i biały pieprz.
e) Za pomocą łyżki rozprowadź mieszankę serową w zagłębieniach każdej papryki. Posyp płatki czerwonej papryki na wierzchu.
f) Umieść papryki na blasze do pieczenia i piecz w piekarniku przez 20 minut.
g) Podawaj na ciepło.

25. Śnieżny groszek nadziewany krykietem

SKŁADNIKI:

- 30 groszków śnieżnych
- 4 łyżki masła (temperatura pokojowa)
- 16 uncji sera śmietankowego (temperatura pokojowa)
- 2 łyżki mielonego czosnku
- 1 łyżka posiekanej bazylii
- 1 łyżka mąki ze świerszczy
- 1 łyżeczka mielonego czarnego pieprzu
- 2 łyżki posiekanego szczypiorku
- 1 ½ łyżki posiekanych liści pietruszki
- ½ łyżeczki soli morskiej
- 1 łyżka świeżego soku z cytryny

INSTRUKCJE:

a) W średniej wielkości misce wymieszaj wszystkie składniki z wyjątkiem groszku śnieżnego i soku z cytryny i mieszaj, aż się połączą.

b) Po połączeniu dodaj mieszaninę do rękawa cukierniczego lub dużej plastikowej torby do przechowywania z małym nacięciem w rogu i odłóż na bok.

c) Zagotuj średniej wielkości rondel z lekko osoloną wodą i blanszuj groszek śnieżny przez około 30 sekund, a następnie osusz. (Aby zblanszować, będziesz chciał umieścić groszek śnieżny we wrzącej wodzie na 30 sekund, a następnie wrzucić go do miski z lodowatą wodą przed osuszeniem.)

d) Użyj małego noża, aby pokroić i podzielić groszek wzdłuż zakrzywionej strony, aby otworzyć.

e) Wlej miksturę z torby i wykończ je, dodając lekką mżawkę świeżego soku z cytryny. Cieszyć się!

26. Kurczak Z Bekonem

SKŁADNIKI:
- 8 piersi z kurczaka
- 8 kawałków boczku
- ¼ funta peklowanej wołowiny
- 8 uncji kwaśnej śmietany
- 14 uncji puszka kremu kokosowego
- ¼ szklanki mąki do krykieta
- 6 łyżek sherry do gotowania
- 2 szklanki pokrojonych całych pieczarek

INSTRUKCJE:

a) Rozgrzej piekarnik do 275 ° F.

b) W szklanym rondlu pokrój kawałki peklowanej wołowiny i przykryj dno warstwą wołowiny.

c) Każdą pierś z kurczaka owiń kawałkiem boczku i umieść w szklanym naczyniu.

d) W średniej misce wymieszaj kwaśną śmietanę, śmietankę kokosową, proszek do krykieta i sherry do gotowania.

e) Wyłóż łyżką i rozprowadź kremową mieszankę na kurczaku owiniętym bekonem i przykryj patelnię folią aluminiową.

f) Umieść patelnię w piekarniku i gotuj przez 3 godziny.

g) Po 2 godzinach gotowania zdejmij folię aluminiową i na ostatnią godzinę posyp grzybami pieczonego kurczaka.

27. Mięsne Taco ze Krykieta

SKŁADNIKI:
- 1 funt mielonej wołowiny
- 1 świeża średnia żółta cebula
- 1 ½ łyżeczki proszku cayenne
- 1 świeży, pokrojony w kostkę czerwony pomidor
- 1 pokrojona w kostkę papryczka jalapeno
- 1 łyżeczka bazylii
- 1 łyżeczka oregano
- 2 łyżeczki mielonego czosnku
- ½ łyżeczki soli
- ½ łyżeczki mielonego czarnego pieprzu
- ⅓ szklanka wody
- 3 łyżki mąki ze świerszczy

INSTRUKCJE:
a) Na średniej patelni podsmaż na średnim ogniu mieloną wołowinę, cebulę i czosnek.

b) Zmniejsz ogień i dodaj pozostałe składniki, mieszając, aż do całkowitego połączenia i wymieszania.

c) Przykryj i gotuj na wolnym ogniu przez 10-15 minut, aż woda zostanie wchłonięta.

d) Użyj muszli taco i ulubionych dodatków do taco, aby stworzyć pyszne taco z mięsem ze świerszcza! Cieszyć się!

28. Pizza z krykieta

SKŁADNIKI:

- 1 aktywne opakowanie suchych drożdży
- 1 łyżeczka cukru
- 1 szklanka ciepłej wody
- 2 szklanki mąki chlebowej
- ½ szklanki mąki z krykieta
- 2 łyżki oliwy z oliwek z pierwszego tłoczenia
- 1 łyżeczka soli morskiej

INSTRUKCJE:

a) Rozgrzej piekarnik do 450 ° F.

b) W misce wymieszaj ciepłą wodę, cukier i aktywne suche drożdże i mieszaj, aż się rozpuszczą. Odstaw na 10 minut.

c) Wymieszaj mąkę chlebową, mąkę ze świerszczy, sól morską i oliwę z oliwek i mieszaj, aż będą gładkie.

d) Pozostaw mieszaninę na 5-8 minut (Mieszaninę można pozostawić pod przykryciem w ciepłym miejscu na 45-60 minut, aby uzyskać grubszą skórkę).

e) Wyłożyć ciasto na lekko posypaną mąką stolnicę i zagnieść 1 do 2 razy przed użyciem.

f) Dodaj ulubione dodatki do pizzy i piecz przez 15-20 minut na środkowej półce piekarnika. Cieszyć się!

29. Waniliowe ciasteczka z mąki ze świerszczy

SKŁADNIKI:

- ½ szklanki masła
- 6 łyżek kakao
- szczypta soli
- 1 łyżeczka wanilii
- 2 jajka
- 1 szklanka cukru
- ¾ szklanki uniwersalnej mąki do pieczenia Cricket

INSTRUKCJE:

a) Rozgrzej piekarnik do 350 ° F. Nasmaruj blachę do pieczenia 8x8 cali.

b) Na małym ogniu rozpuść masło w średnim rondelku, następnie wymieszaj z kakao i solą. Zdejmij ciepło.

c) Dodaj cukier, uniwersalną mąkę do pieczenia krykieta, jajka, wanilię i mieszaj, aż będą gładkie.

d) Wymieszaną masę przełożyć do przygotowanej blaszki.

e) Piec przez 24 minuty.

f) Sprawdź gotowość wykałaczką.

g) Powinno wyjść czysto. Ciasteczka z mąki świerszczowej mogą nie wyglądać na w pełni gotowe, ale będą nadal gotować po wyjęciu.

h) Nie chcesz rozgotować swoich pysznych ciastek z mąki ze świerszczy.

30. Trzywarstwowe brownie

SKŁADNIKI:

- 16oz puszka syropu czekoladowego
- 4 jajka
- 3 szklanki cukru pudru
- 1 szklanka cukru granulowanego
- 1 szklanka uniwersalnej mąki do pieczenia
- 1 szklanka miękkiego masła
- ⅓ szklanka mąki do krykieta
- 2 uncje półsłodkiej czekolady piekarniczej
- 4 łyżki mleka
- 2 łyżki ekstraktu waniliowego

INSTRUKCJE:

a) Rozgrzej piekarnik do 350 ° F. Nasmaruj blachę do pieczenia 8x8 cali.

b) W standardowym mikserze kuchennym połącz 8 uncji zmiękczonego masła, 1 szklankę cukru, 1 łyżkę wanilii i mąkę świerszczową i mieszaj na wolnych i średnich obrotach. Dodaj mieszaninę do formy do pieczenia i ustaw na środkowej półce powyżej na 20-25 minut, aż do pełnego ugotowania.

c) W przypadku warstwy lukru zacznij od 6 łyżek stopionego masła i 1 łyżki wanilii w mikserze kuchennym. Powoli dodawaj cukier puder i mleko, na przemian. Dodaj barwnik spożywczy dla dowolnego pożądanego koloru i zacznij lukrować ciasteczka po ostygnięciu.

d) Na trzecią i ostatnią warstwę rozpuść 2 uncje półsłodkiej czekolady i 3 łyżki masła w małym rondelku ustawionym na małym ogniu.

e) Po stopieniu powoli skropić mieszanką mrożone ciasteczka, aby wykończyć pyszne potrójne ciasteczka.

31. Ciasto z likierem orzechowym

SKŁADNIKI:
- 2⅔ szklanka mąki uniwersalnej
- ⅓ szklanka mąki do krykieta
- 1 łyżeczka proszku do pieczenia
- 2 szklanki cukru
- ½ szklanki oleju roślinnego
- 4 jajka
- ½ szklanki wody
- ½ szklanki likieru orzechowego
- ½ szklanki mleka
- ½ szklanki posiekanych orzechów laskowych
- 1 opakowanie błyskawicznego budyniu waniliowego

INSTRUKCJE:

a) Rozgrzej piekarnik do 350 ° F.

b) Natłuścić i lekko posypać mąką patelnię Bundt, wytrząsając nadmiar mąki.

c) Za pomocą miksera elektrycznego ostrożnie wymieszaj mąkę, proszek ze świerszczy, cukier, proszek do pieczenia i budyń instant.

d) Dodaj olej roślinny, jajka, likier z orzechów laskowych i mleko. Na średniej mocy miksuj wszystkie składniki przez 4-5 minut.

e) Na przygotowanej patelni Bundt najpierw dodaj posiekane orzechy laskowe, a następnie wlej wymieszane ciasto.

f) Umieść patelnię w piekarniku na 60 minut, aż uzyska złoty kolor. Włożona wykałaczka powinna wyjść czysta.

g) Odstaw na 5 minut do ostygnięcia.

h) Używając długiej metalowej lub drewnianej końcówki, przebij dno 10-15 razy, zanim przełożysz ciasto na półmisek.

32. Glazura z likieru orzechowego

SKŁADNIKI:

- 1 kostka masła
- ¼ szklanki wody
- 1 szklanka cukru granulowanego
- ½ szklanki likieru orzechowego

INSTRUKCJE:

a) W średnim rondlu łącz masło, wodę i cukier na średnim ogniu przez 5 minut, ciągle mieszając.

b) Zdjąć z ognia i wymieszać z likierem z orzechów laskowych.

c) Lekko skropić glazurą ciepłe ciasto z likierem orzechowym.

d) Przekłute ciasto będzie nadal wchłaniać glazurę, więc kontynuuj skropienie więcej na górze, na środku i po bokach.

33. Crispies Cricket z podwójną czekoladą

SKŁADNIKI:

- 4 łyżki masła
- 1 ½ szklanki chipsów czekoladowych
- 10 uncji pianek marshmallow
- 3 łyżki kremowego masła orzechowego
- 2 łyżki mąki ze świerszczy
- 7 filiżanek płatków ryżowych

INSTRUKCJE:

a) Na średniej patelni do sosu roztop masło, 1 szklankę kawałków czekolady i pianki razem, aż do całkowitego rozpuszczenia na średnim ogniu.

b) Dodaj masło orzechowe i proszek ze świerszczy i mieszaj, aż do całkowitego wymieszania.

c) Zacznij dodawać płatki ryżowe i mieszaj, aż płatki zostaną całkowicie pokryte stopioną mieszanką.

d) Używając lekko natłuszczonej metalowej patelni lub szklanej patelni do zapiekanek, wciśnij mieszankę do pojemnika i równomiernie rozprowadź.

e) Wlej pozostałe ½ szklanki kawałków czekolady na wierzch mieszanki i lekko dociśnij. Cieszyć się!

34. Ciemne ciasteczka imbirowe z melasą

SKŁADNIKI:

- 1⅔ szklanki mąki
- ⅓ szklanka mąki do krykieta
- 1 szklanka cukru
- 1 jajko
- Skrócenie miski ¾
- 1 łyżeczka imbiru
- 1 łyżeczka sody oczyszczonej
- 1 łyżeczka cynamonu
- ¼ szklanki ciemnej melasy

INSTRUKCJE:

a) Rozgrzej piekarnik do 350 ° F. Przygotuj jedną dużą blachę do ciastek.

b) Za pomocą miksera elektrycznego dodaj wszystkie składniki naraz i mieszaj na średnich obrotach, aż tłuszcz całkowicie się wymiesza.

c) Użyj łyżki, aby porcjować każde ciastko i zwiń je w kulkę, zanim umieścisz je na blasze do ciastek, zachowując odstępy między ciastkami 1-2 cale.

d) Weź widelec i wciśnij zęby w środek każdego ciasteczka, najpierw w jedną stronę, a następnie w drugą stronę, robiąc krzyżyki.

e) Lekko posypać cukrem i wstawić do piekarnika na 10-12 minut. Cieszyć się!

35. ciasteczka z masłem orzechowym i kawałkami czekolady

SKŁADNIKI:

- 2 ¼ szklanki mąki do pieczenia
- ¼ szklanki mąki do krykieta
- 1 łyżeczka sody oczyszczonej
- 1 łyżeczka soli
- 2 kostki miękkiego masła
- ¾ szklanki cukru pudru
- ¾ szklanki brązowego cukru
- 1 łyżeczka ekstraktu migdałowego
- 2 jajka
- 1 szklanka półsłodkich kawałków czekolady
- 1 szklanka chipsów z masła orzechowego

INSTRUKCJE:

a) Rozgrzej piekarnik do 375 ° F. Przygotuj jedną dużą blachę do ciastek.

b) W misce wymieszaj mąkę do pieczenia, masło orzechowe Cricket Chocolate, sodę oczyszczoną i sól i odłóż na bok.

c) W standardowym mikserze kuchennym zacznij ubijać na średniej mocy miękkie masło, cukier i ekstrakt migdałowy.

d) Wymieszaj oba jajka i ustaw mikser na niskie obroty i powoli zacznij dodawać mieszankę mąki do miski do mieszania, aż do całkowitego połączenia.

e) Zdejmij naczynie do mieszania z miksera i dodaj dwie filiżanki półsłodkich kawałków czekolady i chipsy z masła orzechowego.

f) Używając standardowej blachy do pieczenia ciastek, równomiernie wyłóż ciasto na blachę przed włożeniem do nagrzanego piekarnika na 10 minut, aż uzyska złoty kolor.

36. chleb kokosowy

SKŁADNIKI:

- 6 jajek
- 1 łyżka proszku do pieczenia
- 2 łyżki odchylić
- ½ szklanki mielonego siemienia lnianego
- ½ szklanki sproszkowanych mielonych świerszczy
- ½ łyżeczki cynamonu
- 1 łyżeczka gumy ksantanowej
- ⅓ szklanka niesłodzonego mleka kokosowego
- ½ szklanki oliwy z oliwek
- ½ łyżeczki soli

INSTRUKCJE:

a) Rozgrzej piekarnik do 375 F.

b) Dodaj jajka, mleko i olej do miksera stojącego i mieszaj do połączenia.

c) Dodaj pozostałe składniki i mieszaj, aż dobrze się połączą.

d) Wlać ciasto do natłuszczonej keksówki.

e) Piec w piekarniku przez 40 minut.

f) Kroić i podawać.

37. Szpinakowe Naleśniki Chia

SKŁADNIKI:

- 4 jajka
- $\frac{1}{2}$ szklanki sproszkowanych mielonych świerszczy
- 1 szklanka mleka kokosowego
- $\frac{1}{4}$ szklanki nasion chia
- 1 szklanka szpinaku, posiekanego
- 1 łyżeczka sody oczyszczonej
- $\frac{1}{2}$ łyżeczki pieprzu
- $\frac{1}{2}$ łyżeczki soli

INSTRUKCJE:

a) Ubij jajka w misce, aż się spienią.
b) Wszystkie suche składniki łączymy ze sobą, dodajemy do masy jajecznej i mieszamy do uzyskania gładkiej konsystencji. Dodać szpinak i dobrze wymieszać.
c) Nasmaruj patelnię masłem i rozgrzej na średnim ogniu.
d) Wlać 3-4 łyżki ciasta na patelnię i zrobić naleśnik.
e) Naleśniki smażymy na lekko złoty kolor z obu stron.

38. Świeże Jagodowe Muffiny

SKŁADNIKI:

- 2 jajka
- ½ łyżeczki wanilii
- ½ szklanki świeżych jagód
- 1 łyżeczka proszku do pieczenia
- 6 kropli stewii
- 1 szklanka gęstej śmietany
- 2 szklanki sproszkowanych mielonych świerszczy
- ¼ szklanki masła, stopionego

INSTRUKCJE:

a) Ustaw piekarnik na 350 F.
b) Wbij jajka do miski miksera i mieszaj, aż dobrze się połączą.
c) Wmieszaj pozostałe składniki do jajek.
d) Ciasto przełożyć do wysmarowanej tłuszczem formy na muffiny i piec w piekarniku przez 25 minut. Podawać.

39. Nuggetsy Brokułowe

SKŁADNIKI:

- 2 białka jaj
- 2 szklanki różyczek brokuła
- $\frac{1}{4}$ szklanki sproszkowanych mielonych świerszczy
- 1 szklanka sera cheddar, posiekanego
- $\frac{1}{8}$ łyżeczki soli

INSTRUKCJE:

a) Rozgrzej piekarnik do 350 F.
b) Dodaj brokuły do miski i rozgnieć za pomocą tłuczka.
c) Wmieszaj pozostałe składniki do brokułów.
d) Umieść 20 miarek na blasze do pieczenia i lekko dociśnij.
e) Piec w nagrzanym piekarniku przez 20 minut.

40. zdrowe gofry

SKŁADNIKI:

- 8 kropli płynnej stewii
- ½ łyżeczki sody oczyszczonej
- 1 łyżka nasion chia
- ¼ szklanki wody
- 2 łyżki masła słonecznikowego
- 1 łyżeczka cynamonu
- 1 awokado, obierz, wypestkuj i rozgnieć
- 1 łyżeczka wanilii
- 1 łyżka soku z cytryny
- 3 łyżki sproszkowanych mielonych świerszczy

INSTRUKCJE:

a) Rozgrzej gofrownicę.

b) W małej misce dodaj wodę i nasiona chia i moczyć przez 5 minut.

c) Zmiksuj masło z nasion słonecznika, sok z cytryny, wanilię, stewię, mieszankę chia i awokado.

d) Wymieszaj razem cynamon, sodę oczyszczoną i mąkę kokosową.

e) Dodaj mokre składniki do suchych składników i dobrze wymieszaj.

f) Wlać mieszankę waflową do gorącej gofrownicy i smażyć z każdej strony przez 3-5 minut.

41. Serowe Migdałowe Naleśniki

SKŁADNIKI:

- 4 jajka
- ¼ łyżeczki cynamonu
- ½ szklanki sera śmietankowego
- ½ szklanki sproszkowanych mielonych świerszczy
- 1 łyżka masła, stopionego

INSTRUKCJE:

a) Włóż wszystkie składniki do blendera i miksuj, aż się połączą.
b) Rozgrzej masło na patelni na średnim ogniu.
c) Wlać 3 łyżki ciasta na naleśnik i smażyć po 2 minuty z każdej strony.

42. Babeczki dyniowe

SKŁADNIKI:

- 4 jajka
- ½ szklanki puree z dyni
- 1 łyżeczka przyprawy do piernika
- ½ szklanki sproszkowanych mielonych świerszczy
- 1 łyżka proszku do pieczenia
- 1 łyżeczka wanilii
- ⅓ szklanka oleju kokosowego, stopionego
- ⅔ filiżanka zboczenia
- ½ szklanki sproszkowanych mielonych świerszczy
- ½ łyżeczki soli morskiej

INSTRUKCJE:

a) Rozgrzej piekarnik do 350 F.

b) Mąka kokosowa, przyprawa do ciasta dyniowego, proszek do pieczenia, zbocze, mąka migdałowa i sól morska.

c) Mieszaj jajka, wanilię, olej kokosowy i puree z dyni, aż dobrze się połączą.

d) Wlać ciasto do wysmarowanej tłuszczem formy na muffiny i piec w piekarniku przez 25 minut.

43. Zapiekanka z Klopsikami Wołowo-Kurczak

SKŁADNIKI:
- 1 bakłażan
- 10 uncji mielonego kurczaka
- 8 uncji mielonej wołowiny
- 1 łyżeczka mielonego czosnku
- 1 łyżeczka mielonego białego pieprzu
- 1 pomidor
- 1 jajko
- 1 łyżka mąki kokosowej
- 8 uncji parmezanu, rozdrobnione
- 2 łyżki masła
- ⅓ kubek kremu

INSTRUKCJE:

a) Połącz mielonego kurczaka i mieloną wołowinę w dużej misce.

b) Dodać przeciśnięty przez praskę czosnek i mielony biały pieprz.

c) W misce rozbij jajko z mieszanką mielonego mięsa i dokładnie wymieszaj, aż dobrze się połączy.

d) Następnie dodać sproszkowane mielone świerszcze i wymieszać.

e) Z mielonego mięsa uformuj małe klopsiki.

f) Rozgrzej frytkownicę do 360 F.

g) Posyp tacę kosza frytownicy masłem i zalej śmietaną.

h) Bakłażana obrać i pokroić.

i) Umieść klopsiki na śmietanie i posyp je posiekanym bakłażanem.

j) Pomidora pokroić w plasterki i ułożyć na bakłażanie.

k) Ułóż warstwę startego sera na pokrojonym pomidorze.

l) Włóż zapiekankę do frytkownicy i gotuj przez 21 minut.

m) Przed podaniem pozwól zapiekance ostygnąć do temperatury pokojowej.

44. Smażony Krab

SKŁADNIKI:

- 1 szklanka grubo sproszkowanych mielonych świerszczy
- $\frac{1}{2}$ szklanki mąki
- $\frac{3}{4}$ szklanki proszku do pieczenia
- $\frac{1}{4}$ łyżki cayenne
- 2 szczypiorek, drobno posiekany
- 8 uncji mięsa kraba pazurowego
- 4 uncje sera Gruyere, schłodzonego
- 1 szklanka wody do ciasta

INSTRUKCJE:

a) Podgrzej 1 $\frac{1}{2}$-calowy olej w dużym holenderskim piekarniku na średnim ogniu do 350 stopni F (smażenie w głębokim tłuszczu).

b) W międzyczasie wymieszaj mąkę kukurydzianą, mąkę, proszek do pieczenia, cayenne, sodę oczyszczoną i $\frac{3}{4}$ łyżeczki soli w misce.

c) Dodaj cebulę i cebulę i wymieszaj, aby połączyć. Dodaj mięso kraba i ser i wymieszaj widelcem, aby połączyć. Na środku wgłębienia dodaj masło i jajko i wymieszaj, aby połączyć.

d) Wlej zupę do gorącego oleju i uważaj, aby nie rozlać patelni i smaż, od czasu do czasu obracając, aż się zrumieni, od 3 do 5 minut.

e) Przełożyć na arkusz ręcznika papierowego — doprawić solą, powtórzyć z pozostałym ciastem.

45. Kotlet Z Kurczaka I Indyka

SKŁADNIKI:
- 3 łyżki masła
- 10 uncji mielonego indyka
- 7 uncji mielonego kurczaka
- 1 łyżeczka suszonego koperku
- ½ łyżeczki mielonej kolendry
- 2 łyżki sproszkowanych mielonych świerszczy
- 1 łyżka posiekanego czosnku
- 3 uncje świeżego szpinaku
- 1 łyżeczka soli
- 1 jajko
- ½ łyżki papryki
- 1 łyżeczka oleju sezamowego

INSTRUKCJE:

a) Umieść mielonego indyka i mielonego kurczaka w dużej misce.
b) Mięso posypać suszonym koprem, mieloną kolendrą, mąką migdałową, mielonym czosnkiem, solą i papryką.
c) Następnie posiekaj świeży szpinak i dodaj go do mielonej mieszanki drobiowej.
d) Wbij jajko do mieszanki mięsnej i dobrze wymieszaj, aż uzyskasz gładką konsystencję.
e) Nasmaruj tacę koszyka frytownicy olejem z oliwek.
f) Rozgrzej frytkownicę do 350 F.
g) Delikatnie zroluj mieszankę mielonego mięsa, aby uzyskać płaską warstwę.
h) Umieść masło na środku warstwy mięsa.
i) Z masy mielonej uformuj kotlet mielony. W tym kroku użyj opuszków palców.
j) Umieść pieczeń na tacy kosza frytownicy powietrznej.
k) Gotuj przez 25 minut.
l) Gdy klops jest ugotowany, pozwól mu odpocząć przed podaniem.

46. Kokosowe Poppersy Z Kurczaka

Robi: 6

SKŁADNIKI:
- ½ szklanki sproszkowanych mielonych świerszczy
- 1 łyżeczka płatków chilli
- 1 łyżeczka mielonego czarnego pieprzu
- 1 łyżeczka czosnku w proszku
- 11 uncji piersi z kurczaka, bez kości, bez skóry
- 1 łyżka oliwy z oliwek

INSTRUKCJE:
a) Pierś z kurczaka kroimy w spore kostki i wkładamy do dużej miski.
b) Posyp kostki kurczaka płatkami chili, mielonym czarnym pieprzem, czosnkiem w proszku i dobrze wymieszaj rękami.
c) Następnie posyp kostki kurczaka mąką migdałową.
d) Delikatnie potrząśnij miską z kostkami kurczaka, aby pokryły mięso.
e) Rozgrzej frytkownicę do 365 F.
f) Nasmaruj tacę koszyka frytownicy olejem z oliwek.
g) Umieść kostki kurczaka w środku.
h) Gotuj poppersy z kurczaka przez 10 minut.
i) Po 5 minutach gotowania obróć poppersy z kurczaka.
j) Pozwól, aby ugotowane poppersy z kurczaka ostygły przed podaniem.

47. Zestawy kalafiorów o zapachu rozmarynu

Robi: 4

SKŁADNIKI:
- ⅓ szklanka sproszkowanych mielonych świerszczy
- 4 szklanki ryżowego kalafiora
- ⅓ szklanka odtłuszczonego, rozdrobnionego sera mozzarella lub cheddar
- 2 jajka
- 2 łyżki świeżego rozmarynu, drobno posiekanego
- ½ łyżeczki soli

INSTRUKCJE:
a) Rozgrzej piekarnik do 400 °F
b) Połącz wszystkie składniki w średniej wielkości misce
c) Nałóż mieszankę kalafiora na 12 równych bułek/ciasteczek na lekko natłuszczonej i wyłożonej folią blachę do pieczenia.
d) Piec, aż uzyska złoty kolor, co powinno nastąpić w ciągu około 30 minut.

48. Kulki Dyniowe

SKŁADNIKI:

- 1 szklanka masła migdałowego
- 5 kropli płynnej stewii
- 2 łyżki sproszkowanych mielonych świerszczy
- 2 łyżki puree z dyni
- 1 łyżeczka przyprawy do piernika

INSTRUKCJE:

a) Wymieszaj puree z dyni w dużej misce i masło migdałowe, aż dobrze się połączą.

b) Dodaj płynną stewię, przyprawę do ciasta dyniowego i sproszkowane mielone świerszcze i dobrze wymieszaj.

c) Z powstałej masy uformuj małe kulki i umieść je na blasze do pieczenia.

d) Umieścić w zamrażarce na 1 godzinę.

49. Burger z krykieta

SKŁADNIKI:

- 400g ciecierzycy z puszki, odsączonej
- 340 g puszki słodkiej kukurydzy, odsączonej
- 20 g suszonego proszku ze świerszczy lub chleba świętojańskiego
- ½ pęczka świeżej kolendry
- ½ łyżeczki papryki
- ½ łyżeczki mielonej kolendry
- ½ łyżeczki kminku
- skórka z 1 cytryny
- 3 łyżki mąki
- sól dla smaku

INSTRUKCJE:

a) Zbierz liście kolendry, a następnie dodaj połowę do robota kuchennego ze wszystkimi łodygami. Dodaj proszek ze świerszczy, przyprawy, mąkę, skórkę z cytryny i szczyptę soli. Dodaj odsączoną ciecierzycę i kukurydzę.

b) Pulsuj wszystkie te składniki, aż się połączą, ale nie będą gładkie, dobrze jest mieć jeszcze trochę tekstury.

c) Podziel swoją mieszankę bugburgerów na 4 równe placki i delikatnie posmaruj każdy z zewnątrz zwykłą mąką, aby uniknąć przywierania.

d) Schładzaj je przez co najmniej 30 minut. Pomoże im to trzymać się razem podczas gotowania. Możesz również zawinąć je w plastik i zamrozić do późniejszego wykorzystania na tym etapie.

e) Dodaj niewielką ilość oliwy z oliwek do dużej patelni i włącz średni ogień. Gdy olej się rozgrzeje, delikatnie smaż burgery, aż będą jasnozłote z jednej strony, a następnie przewróć je i zrób to samo z drugiej strony.

f) Podawaj swoje bugburgery na ulubionej bułce burgerowej, z sosem i sałatką do wyboru.

50. Świerszcze z masłem chermoula

SKŁADNIKI:

- 15 ml oleju roślinnego
- 100 g Świerszcze
- 150 g szpinaku baby
- Sok z limonki z 1 limonki
- 1 mała garść świeżych listków kolendry
- 1 ząbek, mielony, Czosnek
- Papryka i kminek
- 50 g, lekko zmiękczonego masła
- Papryczka Chili Do smaku
- 1 dobra szczypta soli

INSTRUKCJE:

a) Najpierw posiekaj liście kolendry i wymieszaj z pozostałymi składnikami masła chermoula, odłóż to na razie na bok.

b) Rozgrzać olej w woku na umiarkowanym ogniu, dodać świerszcze i smażyć mieszając przez około 1 do 2 minut, aż plucie ustanie.

c) Dodaj masło chermoula i mieszaj, aż całkowicie się rozpuści.

d) Dodaj szpinak baby i energicznie mieszaj, aż szpinak zacznie więdnąć.

e) Podawaj natychmiast i ciesz się.

szarańcza i koniki polne

51. Słodka Chilli Szarańcza

SKŁADNIKI:

- 1 opakowanie herbatników wodnych
- 1 opakowanie serka Philadelphia
- 1 szklanka szarańczy
- Słodki sos chilli

INSTRUKCJE:

a) Serek Philadelphia rozsmarować na biszkopcie wodnym, na wierzchu ułożyć upieczoną szarańczę.
b) Skrop słodkim sosem chilli i ciesz się.

52. Smażona szarańcza

SKŁADNIKI:

- 2 bloki makaronu jajecznego
- 2 łyżeczki oleju sezamowego
- 200 gramów szarańczy
- $\frac{3}{4}$ chilli, drobno pokrojonych w pierścienie
- $\frac{1}{2}$ fioletowej kapusty
- 2 łyżki jasnego miodu
- 1 łyżka sosu sojowego
- 2 limonki

INSTRUKCJE:

a) Makaron ugotować zgodnie z instrukcją na opakowaniu, następnie odcedzić.

b) Rozgrzej pozostały olej w woku i dodaj szarańczę, chili i kapustę.

c) Smażyć przez kilka minut. Dodaj miód, sok sojowy i limonkowy.

d) Mieszaj przez 30 sekund, a następnie dodaj makaron i sezam.

53. Pieczone na sucho koniki polne

SKŁADNIKI:
- Koniki polne

INSTRUKCJE:

a) Rozłóż oczyszczone owady (świeże lub mrożone) na ręcznikach papierowych na blasze do pieczenia.

b) Piec w temperaturze 200°C przez 1 do 2 godzin, aż owady będą suche.

c) Sprawdź suchość, próbując zmiażdżyć owada łyżką.

d) Podawać gorące i chrupiące.

54. Konik polny przekąska / dodatek

SKŁADNIKI:
- Koniki polne

INSTRUKCJE:
a) Zanurz koniki polne w gorącej wodzie na 1 minutę, aby je unieruchomić i usunąć nadmiar brudu.
b) Zdejmij skrzydełka (opcjonalnie).
c) Susz je na słońcu przez kilka godzin, a nawet kilka minut, aby usunąć nadmiar wilgoci.
d) Smaż na patelni przez pięć minut, aż nabiorą złotego koloru.
e) Podawać jako chrupiącą przekąskę lub jako dodatek do drugiego dania.

CYKADY

55. Pikantne cykady popcornowe

SKŁADNIKI:
DLA CYKAD
- 12 świeżo wyhodowanych 17-letnich cykad
- ½ szklanki sosu Worcestershire
- ¼ szklanki mąki uniwersalnej
- ¼ łyżeczki cebuli w proszku
- ¼ łyżeczki czosnku w proszku
- ¼ łyżeczki słodkiej lub wędzonej papryki
- ⅛ łyżeczki drobnej soli morskiej
- ⅛ łyżeczki pieprzu cayenne
- 1 duże jajko
- Olej roślinny, do smażenia

DO MIESZANKI PRZYPRAW
- ½ łyżeczki mielonego kminku
- ¼ łyżeczki drobnej soli morskiej
- ¼ łyżeczki pieprzu cayenne

a) Umieść żywe cykady w hermetycznym pojemniku i zamroź co najmniej 3 godziny lub całą noc.

b) Dokładnie opłucz zamrożone cykady, aby usunąć wszelkie zabrudzenia, a następnie przełóż je do małej miski, polej sosem Worcestershire i wymieszaj, aby połączyć. Przykryj i wstaw do lodówki na około 1 godzinę.

c) Wyjmij cykady z sosu Worcestershire i przenieś na metalową podstawkę lub talerz wyłożony ręcznikiem, aby odsączyć.

d) Ustaw dwie płytkie miski. W jednym wymieszać mąkę, cebulę w proszku, czosnek w proszku, paprykę, sól i cayenne; w drugim ubij jajko.

e) Pracując z jedną cykadą na raz, zanurz ją w jajku, pozwalając, aby nadmiar spłynął, a następnie pokryj ją mieszanką mąki, strząśnij nadmiar i przenieś na talerz. Powtórz z pozostałymi cykadami.

f) W małym rondelku dodaj tyle oleju, aby sięgał około 1 ½ cala w górę boków patelni, około 1 ½ filiżanki. Ustaw garnek na średnim ogniu i podgrzej olej, aż osiągnie 350 stopni na termometrze z natychmiastowym odczytem. Umieść drucianą podstawkę w pobliżu pieca lub wyłóż duży talerz czystą ściereczką lub ręcznikami papierowymi.

g) Przygotuj mieszankę przypraw: w małej misce wymieszaj kminek, sól i cayenne.

h) Smaż cykady w dwóch partiach, po około 6 na raz, aż będą jasnozłote i chrupiące. Gdy wypłyną na powierzchnię, obserwuj je uważnie, aby uniknąć przypalenia, od czasu do czasu mieszając łyżką cedzakową, aby równomiernie się zrumieniły, około 2 minut. Przełożyć na przygotowany stojak lub talerz.

i) Lekko posyp gorące cykady mieszanką przypraw zaraz po wyjęciu z oleju. Przenieś ugotowane cykady do małej miski i podawaj.

56. Cykada w tempurze ze Sriracha Aioli

SKŁADNIKI:

- Usunięto 36 skrzydeł cykady
- ¾ szklanki mąki
- ¼ szklanki skrobi kukurydzianej
- 8 uncji Sprite'a
- 1 łyżka tajskiej przyprawy do limonki
- Sriracha Aioli
- ½ szklanki majonezu Dukes
- ¼ szklanki Srirachy
- 1 łyżka soku z limonki
- 2 Qt Olej rzepakowy do smażenia
- 1 łyżeczka koreańskich płatków chili do dekoracji

INSTRUKCJE:

a) Po złapaniu dużej liczby dużych cykad umieść je w torbie w zamrażarce na około 2 godziny. to uśpi je w najbardziej humanitarny sposób.

b) Podgrzej dwie kwarty oleju do smażenia w garnku do 350 stopni F.

c) Przygotuj Sriracha aioli, mieszając majonez Sriracha i sok z limonki na gładką masę. Przechowuj w lodówce, aż będzie gotowe do podania.

d) Przygotuj ciasto w tempurze, mieszając razem jedno jajko, mąkę, skrobię kukurydzianą, sprite i tajską limonkę lub dowolną pikantną przyprawę, którą masz pod ręką.

e) Usuń skrzydełka cykady, opłucz je pod ciepłą wodą, odsącz i osusz papierowym ręcznikiem.

f) Zanurz cykady pojedynczo w cieście tempura, a następnie delikatnie umieść w oleju. Smaż przez 3-5 minut, aż będą złociste i chrupiące.

g) Dopraw płatkami koreańskiego chili i solą koszerną.

57. Cykadowe Ciasteczka

SKŁADNIKI:

- ½ szklanki tłuszczu piekarskiego
- 3 jajka
- 1 ½ szklanki cukru
- 4 uncje niesłodzonej czekolady, stopionej i schłodzonej
- 2 łyżeczki proszku do pieczenia
- 2 łyżeczki wanilii
- 2 filiżanki mąki uniwersalnej
- Dodatkowy ⅓ filiżanka cukru
- 1 ubite białko jajka
- ½ szklanki grubo posiekanych orzechów
- Około 60 sparzonych, pieczonych na sucho cykad

INSTRUKCJE:

a) W dużej misce ubij tłuszcz piekarski z jajkami, 1 ½ szklanki cukru, schłodzoną czekoladą, proszkiem do pieczenia i wanilią, aż dobrze się połączą, zeskrobując boki miski.

b) Stopniowo mieszaj mąkę, aż dokładnie się połączy. Wmieszać orzechy. Przykryć i schłodzić przez 1-2 godziny lub do czasu, aż ciasto będzie łatwe w obróbce.

c) W międzyczasie wymieszać ok ⅓ szklanka cukru i ubite białko. Umieść cykady na woskowanym papierze; posmarować mieszanką białek i odstawić.

d) Uformuj ciasto w 1-calowe kulki. Umieść 2 cale od siebie na nienatłuszczonych blachach do ciastek. Umieść cykadę na wierzchu każdej kulki, lekko dociskając.

e) Piec w piekarniku nagrzanym do 375° przez 8-10 minut lub do momentu, aż brzegi się zetną. Przełożyć na kratkę do ostygnięcia.

MĄCZNIKI

58. Gołąb Tikka Masala Z Mealworm Pilau

SKŁADNIKI:

- 800g pokrojonego w kostkę gołębia
- 1 łyżeczka mielonych goździków
- 1 łyżeczka mielonego kminku
- 2 łyżeczki wędzonej papryki
- 2 łyżeczki garam masali
- 3 cytryny
- 6 ząbków czosnku
- 1 kawałek imbiru
- 6 łyżeczek jogurtu naturalnego
- 3 świeże chili
- 2 cebule
- 4 ząbki czosnku
- 30 g świeżej kolendry
- 800 g pomidorów śliwkowych
- 1 kostka bulionowa z kurczaka
- 800g mleka kokosowego
- 200 g ryżu pilau
- 100 g mącznika

INSTRUKCJE:

a) Zmieszaj goździki, kminek, paprykę, garam masala i mleko kokosowe na patelni. Tosty przez 1 minutę.

b) Zmiażdżyć czosnek i zetrzeć imbir, dodać jogurt i wmasować w pokrojonego w kostkę gołębia.

c) Osobno obrać cebulę i czosnek, posiekać chilli i dodać olej do zapiekanki.

d) Gotuj przez 20 minut. Dodaj kolendrę i gotuj przez 2 minuty.

e) Wlać pomidory, pokruszyć w kostce rosołowej, wymieszać z mlekiem kokosowym i gotować na wolnym ogniu przez 40 minut.

f) Gotuj ryż pilau przez 20 minut na płycie, odcedź.

g) Wymieszaj z mącznikami i podawaj.

59. Koktajl Owocowy Z Mąki Owadów

SKŁADNIKI:
- ½ szklanki wybranych owadów (świerszcze lub mączniki)
- 1½ szklanki ulubionych owoców
- ½ banana
- 1 szklanka niesłodzonego mleka kokosowego

INSTRUKCJE:

a) Zmiel ½ szklanki owadów na drobny proszek – użyj odwrotnej strony miarki lub zmiażdż je tłuczkiem i moździerzem.

b) Przenieś proszek owadów do wybranego szkła.

c) Zmiażdż ulubione owoce i wlej do szklanki.

d) Wymieszaj puree z owoców i proszku z owadów i zmiksuj.

e) Wlać 1 szklankę niesłodzonego mleka kokosowego.

f) Mieszaj, podawaj i ciesz się.

60. **Muffiny Mącznika**

SKŁADNIKI:
CIASTO
- 4 jajka
- 1,2 szklanki cukru
- 2 łyżeczki sody oczyszczonej
- 2 łyżeczki cynamonu
- 1 łyżeczka cukru waniliowego
- 0,8 szklanki mąki
- 0,4 szklanki drobno zmielonego krykieta
- 0,6 szklanki oleju roślinnego
- 2 szklanki startej marchwi

LUKIER
- 200 g serka śmietankowego
- 75g masła
- 250 g cukru pudru
- 1 łyżeczka wanilii
- Mączniki do dekoracji

INSTRUKCJE:

a) Jajka i cukier miksujemy na puszystą masę. Wmieszać olej. Wymieszaj ze sobą suche składniki i wymieszaj.

b) Mieszaj delikatnie, aż ciasto będzie gładkie. Na koniec dodać startą marchewkę.

c) Włóż papierowe foremki do foremek na muffinki i wlej masę do foremek.

d) Ciasto ma dość rzadką konsystencję, dlatego do napełniania foremek warto używać małej gałki. Wypełnij foremki ok

e) $\frac{3}{4}$ pełne. Piec na ruszcie na środku piekarnika w temperaturze 200C przez 15-20 minut. Pozwól muffinom ostygnąć przez około 5 minut, zanim delikatnie wyjdą z blachy.

f) Wszystkie składniki na lukier twarogowy zmiksować - na gładką i puszystą masę (użyć miękkiego twarogu i masła, aby uniknąć grudek w śmietanie).

g) Na każdą muffinkę nałóż lukier i udekoruj robakami.

61. **Muffiny Jagodowe Mealworm**

SKŁADNIKI:

- 1½ szklanki zwykłej mąki
- 1½ szklanki masła
- ½ szklanki cukru pudru
- 2 jajka z wolnego wybiegu
- 1½ łyżeczki proszku do pieczenia
- 1½ szklanki jagód lub odpowiednik w mrożonych jagodach
- 1 szklanka robaków mącznika

INSTRUKCJE:

a) Utrzeć masło z cukrem, następnie powoli dodawać jajka, miksować przez trzy minuty.

b) Dodaj mąkę, proszek do pieczenia, gałkę muszkatołową i mączniki - wymieszaj, aby połączyć, a następnie wstaw do lodówki na co najmniej godzinę, najlepiej na noc.

c) Umieść łyżkę mieszanki na muffiny w każdej foremce na muffinki, wypełniając każdą do nieco ponad połowy.

d) Nabij każdą muffinkę około ośmioma jagodami i posyp garścią mącznika.

e) Pieczemy w piekarniku nagrzanym do 200°C przez 20 minut lub do uzyskania złotego koloru na wierzchu. Podawać ze śmietaną.

62. Czekoladowe Brownie Niespodzianka

SKŁADNIKI:

- 2 szklanki cukru
- 1 szklanka stopionego masła
- ½ szklanki kakao w proszku
- 1 łyżeczka ekstraktu waniliowego
- 4 jajka
- 1½ szklanki mąki
- ½ łyżeczki proszku do pieczenia
- ½ łyżeczki soli
- ½ szklanki robaków mącznika

INSTRUKCJE:

a) Rozpuść masło i wymieszaj wszystkie składniki w podanej kolejności.

b) Piec w temperaturze 175°C przez 20-30 minut w wysmarowanej tłuszczem blaszce o wymiarach 9 x 13 cali.

c) Po schłodzeniu zetrzyj białą czekoladę na wierzchu i pokrój w kwadraty do podania.

63. Czekoladowe Ciasteczka Mącznika

SKŁADNIKI:

- 250 g mąki uniwersalnej
- 2g sody oczyszczonej
- 170 g niesolonego masła, stopionego
- 100 g brązowego cukru
- 200 g białego cukru
- 15 ml ekstraktu waniliowego
- 2 jajka
- 200g chipsów czekoladowych
- 50 g mącznika

INSTRUKCJE:

a) Rozgrzej piekarnik do 180C.

b) W misce wymieszaj mąkę i sodę oczyszczoną.

c) W osobnej misce wymieszaj stopione masło, cukier, jajka i ekstrakt waniliowy, aż uzyskasz kremową konsystencję.

d) Dodaj chipsy czekoladowe i połowę larw mącznika.

e) Łyżką nakładać na blachy do pieczenia niewielkie ilości mieszanki w dużych odstępach.

f) Piecz przez 15 minut i wyjmij z piekarnika do ostygnięcia na kratce do studzenia.

g) Posypać mącznikami na wierzchu do dekoracji.

64. Chrupiący Sernik MealWorm

SKŁADNIKI:

- 1 opakowanie herbatników trawiennych
- ½ paczki herbatników imbirowo-orzechowych
- Garść mączników
- Złoty syrop
- Kawałek masła

POŻYWNY:

- 3 łyżki masła orzechowego
- 85g cukru
- 250g tubka mascarpone o obniżonej zawartości tłuszczu
- 1 garnek podwójnej śmietany

DEKORACJA:

- ½ tabliczki rozpuszczonej czekolady
- Mączniki

INSTRUKCJE:

a) Aby zrobić bazę, rozgnieć wszystkie składniki, roztop masło i syrop cukrowy. Dodać do suchych składników, wymieszać i wyłożyć na dno okrągłej formy. Odstawić do lodówki do stężenia.

b) W celu nadzienia rozsmarować warstwę masła orzechowego na spodzie herbatników. W misce wymieszaj serek kremowy do miękkości. Do mascarpone dodać śmietankę. Dodaj cukier bez ubijania, aby masa była gęsta. Wygładź podstawę masła orzechowego.

c) Po stężeniu udekoruj roztopioną czekoladą i całymi mącznikami.

65. Sałatka Z Soczewicy Mącznika

SKŁADNIKI:

- $\frac{1}{2}$ puszki 15 uncji soczewicy
- 1 szklanka pomidorków koktajlowych
- $\frac{1}{4}$ szklanki szczypiorku
- $\frac{1}{4}$ szklanki białego octu winnego
- $\frac{1}{4}$ szklanki pietruszki
- $\frac{1}{4}$ szklanki pieczonych mączników i/lub koników polnych
- Oliwa z oliwek, sól, pieprz do smaku

INSTRUKCJE:

a) Soczewicę opłukać i odsączyć. Połówki/ćwiartki pomidorków koktajlowych. Szczypiorek pokroić.

b) Dodaj wszystkie składniki do małej miski i wymieszaj, aby się połączyły.

c) Dodaj robaki i ocet, oliwę z oliwek, sól i pieprz.

d) Wymieszaj i podawaj natychmiast lub wstaw do lodówki, aby jeszcze bardziej rozwinąć smaki.

66. Mini-pizze z mikro-żywego inwentarza

SKŁADNIKI:
- Angielskie muffinki
- Oliwki
- szpinak
- Słodkie papryczki
- Koniki polne
- Ser
- Sól i pieprz do smaku
- Sos do pizzy

INSTRUKCJE:
a) Rozgrzej piekarnik do 425 stopni Fahrenheita
b) Umieść angielskie muffiny na blasze do pieczenia
c) Pokroić/pokroić dodatki
d) Na wierzchu połóż szpinak, paprykę, ser i zwierzaki, dzieląc równomiernie. Dopraw solą i pieprzem.
e) Piec, aż ser będzie szampański i złocisty, od 5 do 6 minut.

67. Sałatka soba z mącznika

SKŁADNIKI:

- 1 opakowanie soba
- Pokrojony ogórek
- Plastry marchwi
- Pokrojona rzodkiewka
- Szczypiorek
- ¼ szklanki świeżego soku z cytryny
- 3 łyżki oliwy z oliwek
- Mączniki do smaku
- Nasiona sezamu do smaku
- Gruba sól i mielony pieprz

INSTRUKCJE:

a) Soba ugotować zgodnie z instrukcją na opakowaniu. Odpływ.

b) Cienko pokrój ogórek, marchewkę, rzodkiewkę i szczypiorek do smaku.

c) W misce połącz ogórek, marchewkę, rzodkiewkę, szczypiorek, sok z cytryny i olej. Dodaj sobę; doprawić solą i pieprzem.

d) Przechowywać w lodówce do schłodzenia, około 30 minut. Wymieszaj z mącznikami i podawaj.

68. Pikantny Mealworm Mac N' Cheese

SKŁADNIKI:

- Makaron kolankowy 8 uncji
- $\frac{1}{4}$ szklanki masła
- $\frac{1}{4}$ szklanki mąki uniwersalnej
- $\frac{1}{2}$ łyżeczki soli
- Zmielony czarny pieprz do smaku
- 2 szklanki mleka
- 2 szklanki startego sera cheddar
- Mączniki do smaku
- Chili w proszku do smaku

INSTRUKCJE:

a) W dużym garnku zagotować lekko osoloną wodę. Gotuj makaron łokciowy we wrzącej wodzie, mieszając od czasu do czasu, aż będzie ugotowany, ale twardy do ugryzienia, 8 minut. Odpływ.

b) Rozpuść masło w rondlu na średnim ogniu; mieszaj mąkę, sól i pieprz, aż będzie gładka, około 5 minut. Powoli wlewaj mleko do mieszanki maślano-mącznej, ciągle mieszając, aż mieszanina będzie gładka i bulgocząca, około 5 minut. Dodaj ser Cheddar do mieszanki mlecznej i mieszaj, aż ser się rozpuści, od 2 do 4 minut.

c) Złóż makaron w sosie serowym, aż się pokryje. Posyp robaki mącznika i chili w proszku na wierzchu.

69. Czekoladowe Trufle Robacze

SKŁADNIKI:

- Sto pięćdziesiąt gramów ciemnej czekolady
- Sto pięćdziesiąt ml śmietanki kremówki
- Pół szklanki kakao w proszku
- esencja waniliowa (niewielka ilość do smaku)
- Dwadzieścia gramów Crunchy Critters Mealworms (2 opakowania po 10 g)

INSTRUKCJE:

a) Zagotuj czajnik, wlej wodę do garnka. Postaw żaroodporną miskę na patelni i dodaj czekoladę; mieszaj powoli i pozwól się stopić. Możesz podgrzać wodę na płycie, ale nie pozwól jej się zagotować.
b) Ubij śmietanę.
c) Połącz wszystkie składniki, powoli dodając roztopioną czekoladę do kremu.
d) Po połączeniu wstawić do lodówki na dwie-trzy godziny do schłodzenia.
e) Po ostygnięciu wyjąć z lodówki i uformować kulki.

LATAJĄCY TERMIT

70. Latający Termit I Taro Zachwyt

SKŁADNIKI:

- 500 gram taro
- 250 ml kwaśnego mleka
- 2 jajka
- Sól dla smaku
- 250 g świeżych latających termitów bez skrzydeł
- Szczypta suszonych ziół mieszanych
- 1 łyżka soku z cytryny

INSTRUKCJE:

a) Marynuj umyte termity w cytrynie i mieszance ziół przez 1 godzinę.

b) Wyjąć z marynaty i zanurzyć w oleju jadalnym. Grillować w temperaturze 220°C.

c) Ugotuj taro w osolonej wodzie, aż zmięknie i ugotuje się.

d) Obierz taro i rozgnieć, a następnie stopniowo dodawaj jajko i kwaśne mleko, aby uzyskać kremową mieszankę.

e) Wyszprycować w gniazda za pomocą worka do szprycowania.

f) Piec gniazda taro w temperaturze 220°C, aż będą twarde. Wyjąć i posmarować roztrzepanym jajkiem. Ponownie wstaw do piekarnika na złoty kolor.

g) Wyjąć z piekarnika; włóż grillowane termity do gniazd taro. Podawać na gorąco.

71. Czekoladowe Naleśniki Swarmer

SKŁADNIKI:
- 60 g masła/margaryny
- 2 czubate łyżeczki sproszkowanego swarmera (przesianego 0,5 mm)
- 1 łyżeczka złotego syropu
- 1 jajko
- Szczypta soli
- 1 łyżeczka imbiru w proszku
- 70 g mąki pszennej
- 1 łyżeczka soli
- 1 łyżeczka proszku do pieczenia
- 1 łyżeczka esencji waniliowej
- 1-2 jajka, ubite
- 2 łyżki chipsów czekoladowych
- ½ szklanki suszonych, pieczonych latających termitów
- 50 g margaryny/niesolonego masła, miękkiego

INSTRUKCJE:
a) Wymieszaj masło, sól i esencję waniliową, aż będą gładkie i kremowe.
b) Wbijamy jajka i powoli dodajemy mąkę z proszkiem do pieczenia. Mieszać do lejącej konsystencji.
c) Dodać termity i kawałki czekolady.
d) Rozgrzej olej do smażenia na płytkiej patelni i dodaj zaokrągloną łyżkę mieszanki.
e) Smażymy z jednej strony na złoty kolor. Odwrócić i smażyć z drugiej strony.
f) Podawać na ciepło lub na zimno.

72. Termitowe Burgery

SKŁADNIKI:

- 350 g pokruszonego roju
- 105 ml lodowatej wody
- 2,5 g sproszkowanej żelatyny
- 1 łyżka przyprawy do ziemniaków
- 1 łyżka czosnku w proszku
- 1 łyżka chili w proszku

INSTRUKCJE:

a) Wymieszaj proszek Swarmer, przyprawy, wodę i żelatynę w misce.

b) Uformuj miękką mieszankę kotletów burgerowych i uformuj kulki równej wielkości. Spłaszczyć wałkiem lub między dłońmi. Odstawić na 10 minut do lodówki.

c) Grillować lub smażyć na wolnym ogniu. Podawaj z tostowymi bułeczkami i ulubionymi przysmakami i dodatkami.

73. Termitów W Dziurze

SKŁADNIKI:
- 1 kg średniej wielkości ziemniaków
- Szczypta soli
- 2 żółtka
- 1 jajko, ubite
- 50 g margaryny lub masła
- Szczypta białego pieprzu
- 1 łyżeczka sproszkowanego żołnierza termitów (przesianego 0,5 mm)
- 200 g całych pieczonych termitów żołnierza
- Szczypta oregano
- 1 łyżka oleju jadalnego

INSTRUKCJE:

a) Rozgrzej piekarnik do 180°C. Nasmaruj blachę do pieczenia.

b) Umyj, obierz i ponownie umyj ziemniaki i pokrój na równy rozmiar.

c) Ziemniaki gotujemy w lekko osolonej wodzie do ugotowania

d) Poprzez.

e) Odcedź i rozgnieć ziemniaki, mijając je

f) przez średnie sito.

g) Do puree ziemniaczanego dodać żółtko i margarynę lub masło i energicznie wymieszać. Doprawić do smaku i wymieszać ze sproszkowanym termitem.

h) Przełożyć do rękawa cukierniczego z dużą rurką w kształcie gwiazdy i wyciskać gniazda ziemniaczane o średnicy około 5 cm na blasze do pieczenia.

i) Rozgrzej olej na patelni, smaż całe termity

j) średnie ciepło. Dodać oregano i biały pieprz.

k) Wlej smażone termity do środka gniazd ziemniaczanych. Nadmiar termitów można podawać osobno.

l) Piec w piekarniku przez 10 minut, następnie wyjąć i posmarować roztrzepanym jajkiem. Ponownie wstaw do piekarnika na złoty kolor. Podawać na gorąco.

74. Owsianka termitów

SKŁADNIKI:

- 2 szklanki mąki kukurydzianej
- 1 szklanka mąki z sorgo
- Szczypta soli
- 1 szklanka sproszkowanych termitów

INSTRUKCJE:

a) Gotuj termity przez 15 minut i wysusz na słońcu lub w piekarniku w temperaturze 70°C.

b) Zmiel suszone termity na drobny proszek w tłuczku i moździerzu lub w robocie kuchennym.

c) Dokładnie wymieszaj suche składniki we wskazanych proporcjach.

d) Przechowuj proszek owsianki termitów w hermetycznym pojemniku i zużyj w ciągu 60 dni.

e) Aby przygotować owsiankę, zagotuj wodę i stopniowo mieszaj z proszkiem w proporcji 250ml wody na 100g

f) proszek owsianki termitów.

g) Ciągle mieszaj przez 10 minut

75. Pikantna rolada z termitów i jajek

SKŁADNIKI:

- 2 jajka
- 120 ml pełnego mleka
- 120 g rozgniecionego czosnku
- 120 g startej zielonej papryki
- 100 g proszku z termitów
- 1 łyżka chili w proszku
- 1 łyżeczka soli
- Olej roślinny do płytkiego smażenia

INSTRUKCJE:

a) Wbij jajka do miski, dodaj mleko i sól i ubijaj przez minutę.

b) Dodać cebulę, starty pieprz i wymieszać.

c) Rozgrzej trochę oleju na patelni na średnim ogniu. Wlać około połowy mieszanki jajecznej i gotować, aż prawie zetnie się na wierzchu. Zwiń połowę omletu z lewej strony patelni na środek. Przesuń omlet w lewo. Kroić i podawać. Jeśli pokroisz omlet, gdy jest jeszcze gorący, może się złamać.

d) Dodaj trochę więcej oleju i wlej trochę mieszanki jajecznej do miejsca po prawej stronie omletu. Kontynuuj toczenie omletu od lewej strony patelni do środka.

e) Jeszcze raz przesuń omlet w lewo, dodaj więcej oleju i wlej pozostałą masę jajeczną do miejsca po prawej stronie omletu.

f) Po ustawieniu zakończ zwijanie omletu i wyjmij na deskę do krojenia.

76. Rozprzestrzenianie się termitów

SKŁADNIKI:
- termity

INSTRUKCJE:

a) Po prostu włóż upieczone lub surowe, pozbawione skrzydeł termity do blendera i przygotuj pastę lub pastę do chleba, którą podasz z ziemniakami lub chlebem.

b) Cieszyć się.

77. Termitowa przekąska lub przystawka

SKŁADNIKI:
- termity

INSTRUKCJE:
a) Zanurz termity w wodzie, aby usunąć nadmiar brudu. (Kiedy termity wyłaniają się z ziemi, mają tendencję do wylatywania z piaskiem i ziemią na skrzydłach i nogach.)
b) Smaż na patelni przez pięć minut, aż staną się lekko brązowe i zaczną wyglądać na bardziej tłuste.
c) Zdmuchnij skrzydła (opcjonalnie). Skrzydełka rozluźniają się i odpadają podczas smażenia i można je łatwo odwiewać przy lekkim wietrze lub po prostu dmuchać ustami.
d) Możesz również trzymać surowe termity w lodówce przez noc, a wtedy skrzydła łatwo odpadną przy lekkim dotknięciu. Następnie można je upiec bez skrzydełek.
e) Susz je na słońcu przez kilka godzin lub nawet susz przez kilka minut, aby usunąć nadmiar wilgoci.
f) Dodaj sól do smaku.
g) Podawać jako chrupiącą przekąskę lub jako dodatek do drugiego dania.

78. Koktajl jagodowy

SKŁADNIKI:

- 25 g proszku z termitów
- 1 szklanka mrożonych mieszanych jagód
- garść szpinaku, opcjonalnie
- 1 szklanka mleka bezmlecznego
- 1 łyżka masła orzechowego lub migdałowego
- ½ łyżeczki nasion chia lub siemienia lnianego, opcjonalnie
- lód, jeśli to konieczne

INSTRUKCJE:

a) Dodaj wszystkie składniki oprócz dodatków do blendera.
b) Banan, cynamon, sproszkowane termity, nasiona chia, mleko migdałowe i wanilia w blenderze.
c) Miksuj do uzyskania gładkości. W razie potrzeby spróbuj i dostosuj lód lub składniki. Dodaj dodatki (jeśli używasz) i ciesz się!

79. Koktajl z masłem orzechowym

SKŁADNIKI:

- 25 g mielonego proszku termitów
- 2 łyżki masła orzechowego lub masła orzechowego w proszku, + więcej do skropienia
- 1 mrożony banan, w kawałkach
- ¾ szklanki mleka migdałowego,
- garść lodu, jeśli to konieczne

INSTRUKCJE:

a) Dodaj wszystkie składniki oprócz dodatków do blendera.
b) Banan, cynamon, sproszkowane termity, nasiona chia, mleko migdałowe i wanilia w blenderze.
c) Miksuj do uzyskania gładkości. W razie potrzeby spróbuj i dostosuj lód lub składniki.
d) Dodaj dodatki (jeśli używasz) i ciesz się!

80. Smoothie bananowo-migdałowe

SKŁADNIKI:
- ½ szklanki wody kokosowej
- ½ szklanki zwykłego jogurtu greckiego
- 3 łyżki masła migdałowego
- 25 g mielonego proszku termitów
- 1 łyżka łuskanych nasion konopi
- 1 mrożony banan
- 1 szklanka lodu

INSTRUKCJE:
a) Miksuj do uzyskania gładkości.
b) W razie potrzeby spróbuj i dostosuj lód lub składniki.

81. Koktajl Wiśniowo-Migdałowy

SKŁADNIKI:

- 1 szklanka wody lub mleka migdałowego
- 50g proszku termitów
- ½ szklanki mrożonych wiśni bez pestek
- 2 łyżki masła migdałowego
- garść kostek lodu

INSTRUKCJE:

a) Miksuj do uzyskania gładkości.
b) W razie potrzeby spróbuj i dostosuj lód lub składniki.

82. Shake miodowo-bananowy

SKŁADNIKI:

- 1 ½ szklanki wody lub mleka migdałowego
- 1 mrożony banan
- ¼ szklanki zwykłego jogurtu greckiego
- 50g proszku termitów
- 1 łyżeczka miodu
- posypać mieloną gałką muszkatołową

INSTRUKCJE:

a) Miksuj do uzyskania gładkości.
b) W razie potrzeby spróbuj i dostosuj lód lub składniki.

83. Ciasto Marchewkowe Shake

SKŁADNIKI:
- 1 ½ szklanki wody lub mleka migdałowego
- 50g proszku termitów
- ¼ szklanki startej marchewki
- ¼ szklanki posiekanych orzechów włoskich
- ¼ szklanki zwykłego jogurtu greckiego
- ¼ łyżeczki mielonego cynamonu
- szczypta mielonej gałki muszkatołowej i mielonego imbiru

INSTRUKCJE:
a) Miksuj do uzyskania gładkości.
b) W razie potrzeby spróbuj i dostosuj lód lub składniki.

84. Key Limonkowy Shake Pie

SKŁADNIKI:

- ½ szklanki waniliowego jogurtu greckiego
- 1 szklanka mleka migdałowego lub wody
- 50g proszku termitów
- 1 łyżka soku z limonki
- stewia do smaku
- garść kostek lodu

INSTRUKCJE:

a) Miksuj do uzyskania gładkości.
b) W razie potrzeby spróbuj i dostosuj lód lub składniki.

85. Brzoskwiniowy shake owsiany

SKŁADNIKI:
- 1 ½ szklanki wody lub mleka migdałowego
- 50g proszku termitów
- ¼ szklanki suchego owsa
- 1 brzoskwinia, bez pestek, obrana i posiekana
- garść kostek lodu
- ½ mrożonego banana, obranego i pokrojonego
- stewia do smaku

INSTRUKCJE:
a) Miksuj do uzyskania gładkości.
b) W razie potrzeby spróbuj i dostosuj lód lub składniki.

86. Waniliowy koktajl Chai

SKŁADNIKI:

- 1 szklanka mleka migdałowego lub wody
- 50g proszku termitów
- $\frac{1}{4}$ szklanki mocnej, zaparzonej, schłodzonej herbaty
- $\frac{1}{4}$ łyżeczki ekstraktu waniliowego
- szczypta mielonego cynamonu, goździków i kardamonu
- garść kostek lodu
- posypać nasionami chia

INSTRUKCJE:

a) Miksuj do uzyskania gładkości.
b) W razie potrzeby spróbuj i dostosuj lód lub składniki.

87. Szarlotka a'la Mode Shake

SKŁADNIKI:

- 1 szklanka wody lub mleka migdałowego
- 1 jabłko, obrane, pozbawione gniazd nasiennych i drobno posiekane
- ¼ szklanki waniliowego jogurtu greckiego
- 1 łyżka masła jabłkowego
- ½ łyżeczki mielonej przyprawy do szarlotki
- 50g proszku termitów
- stewia do smaku

INSTRUKCJE:

a) Miksuj do uzyskania gładkości.
b) W razie potrzeby spróbuj i dostosuj lód lub składniki.

88. Shake Cynamonowy

SKŁADNIKI:

- 1 ½ szklanki wody lub mleka migdałowego
- 50g proszku termitów
- ¼ łyżeczki mielonego cynamonu
- ½ szklanki waniliowego jogurtu greckiego
- ¼ szklanki suchego owsa
- ½ banana, obranego ze skórki

INSTRUKCJE:

a) Miksuj do uzyskania gładkości.
b) W razie potrzeby spróbuj i dostosuj lód lub składniki.

89. Hawajski koktajl o wschodzie słońca

SKŁADNIKI:
- 1 szklanka mleka migdałowego lub wody
- 50g proszku termitów
- ½ banana
- ½ szklanki ananasa
- ½ szklanki zwykłego jogurtu greckiego
- stewia do smaku
- garść kostek lodu

INSTRUKCJE:
a) Miksuj do uzyskania gładkości.
b) W razie potrzeby spróbuj i dostosuj lód lub składniki.

90. Shake Snickerdoodles

SKŁADNIKI:
- 1 szklanka wody lub mleka migdałowego
- 50g proszku termitów
- ½ banana
- 1 łyżka kremowego masła migdałowego
- ¼ łyżeczki mielonego cynamonu
- ¼ łyżeczki ekstraktu waniliowego

INSTRUKCJE:
a)   Miksuj do uzyskania gładkości.
b)   W razie potrzeby spróbuj i dostosuj lód lub składniki.

91. Shake z kawałkami czekolady

SKŁADNIKI:
- 1 ½ szklanki mleka migdałowego lub wody
- 50g proszku termitów
- ¼ szklanki suchego owsa
- ¼ łyżeczki aromatu imitującego masło
- ¼ łyżeczki ekstraktu waniliowego
- szczypta soli
- garść kostek lodu
- 1 łyżka mini chipsów czekoladowych
- stewia do smaku

INSTRUKCJE:
a) Miksuj do uzyskania gładkości.
b) W razie potrzeby spróbuj i dostosuj lód lub składniki.

ROBAK MOPANE

92. Bułeczki Mopane Worm

SKŁADNIKI:

- 80 g sera cheddar
- 1 średnia cebula, pokrojona w kostkę
- 1 łyżka drobno posiekanej świeżej pietruszki
- 1 łyżka oleju
- 175 g mąki samorosnącej
- 35 g świeżych robaków Mopane
- 30 g proszku z robaków mopane (przesiane 0,5 mm)
- ½ łyżeczki proszku z musztardy angielskiej
- ½ łyżeczki soli
- ½ łyżeczki pieprzu cayenne
- 75 g masła/margaryny
- 1 duże jajko
- 2-3 łyżki mleka
- Szczypta czarnego pieprzu

INSTRUKCJE:

a) Rozgrzej piekarnik do 200°C. Natłuścić i odkurzyć blachę do pieczenia.

b) Przesiej mąkę, sól, pieprz cayenne i czarny pieprz w dużej misce. Dodaj proszek z robaków mopane (zmielony/zmiażdżony w robocie kuchennym i przesiany przez sito 0,5 mm).

c) Wcieraj margarynę/masło w suche składniki, aż uzyskają konsystencję piasku.

d) Gotuj świeże robaki mopane przez 15 minut i odlej wodę. Dodać świeżą wodę i ponownie gotować przez 15 minut. Odlej wodę i powtórz jeszcze dwa razy.

e) Umieść ugotowane robaki mopane na blasze do pieczenia, posyp solą i pozostaw do usunięcia nadmiaru wilgoci, aż wyschną, ale będą giętkie, około 10 minut.

f) Dodaj robaki mopane i połowę startego sera do przesianej mąki i wymieszaj.

g) Zrób zagłębienie w środku mąki i dodaj ubite jajko. Wymieszać nożem z okrągłym ostrzem na miękkie ciasto, które pozostawi czyste boki miski. W razie potrzeby dodaj mleko.

h) Przełożyć ciasto na lekko posypany mąką blat i rozwałkować na grubość 2 cm. Użyj noża do bułek, aby wyciąć bułeczki. Połącz i ponownie rozwałkuj resztki ciasta, aż wszystko się zużyje.

i) Umieść scones na blasze do pieczenia i posmaruj mlekiem lub ubitym jajkiem i posyp pozostałym startym serem.

j) Piec na górnej półce piekarnika przez 10–12 minut lub do wyrośnięcia i uzyskania złotego koloru, a ser się stopi. Podawać na ciepło lub na zimno.

93. Mopane Robak Samosa

SKŁADNIKI:
CIASTO SAMOSA
- 250 g mąki tortowej
- 1 łyżeczka soli
- 80 ml ciepłego oleju jadalnego
- 8 łyżek ciepłej wody

WYPEŁNIENIE MOPANEM
- 50 g robaków mopane
- 3 łyżki oleju do smażenia
- ½ średniej cebuli, posiekanej
- Szczypta białego pieprzu
- 1 jajko
- Szczypta czosnku w proszku
- Szczypta soli
- Szczypta gorącego curry
- 1 średnia marchewka, drobno posiekana

INSTRUKCJE:
CIASTO SAMOSA
a) Wymieszaj mąkę tortową, sól i olej do smażenia w misce.
b) Dodać ciepłą wodę i zagnieść miękkie ciasto.
c) Zawiń ciasto w folię spożywczą i pozostaw na 30 minut, aby odpoczęło.
d) Gdy ciasto ostygnie, podziel je na cztery równe kulki i rozwałkuj na cienkie koła.
e) Rozgrzej suchą patelnię i lekko smaż kółka z ciasta przez 10 sekund z każdej strony.
f) Przykryj folią spożywczą lub wilgotną szmatką, aby zapobiec wysychaniu.

WYPEŁNIENIE MOPANEM

g) Odetnij główki robaków mopane, a resztę pokrój na małe kawałki.
h) Gotować przez 10-15 minut.
i) Odcedź i włóż do świeżej zimnej wody, aby usunąć pozostałe zanieczyszczenia.
j) Opłucz robaki mopane, aż woda będzie czysta.
k) Rozgrzej olej do smażenia na patelni. Dodaj robaki Mopane, sól, biały pieprz i czosnek w proszku i wymieszaj.
l) Smażyć przez 15 minut. Dodaj curry, marchewkę, cebulę i smaż kolejne 5 minut. Odstawić do ostygnięcia.

ZROBIĆ SAMOSA

m) Każdy krążek ciasta przekroić na 4 ćwiartki.
n) Brzegi posmarować roztrzepanym jajkiem lub pastą z mąki i wody. Uformować go w rożek i dodać farsz. Zamknij i uszczelnij pozostałe krawędzie. Zostaw na relaks.
o) Rozgrzej olej we frytkownicy. Gdy kawałek ciasta wrzucony do oleju natychmiast zaczyna bulgotać i unosi się, jest wystarczająco gorący. Smaż po dwa lub trzy samosy na raz ze wszystkich stron na złoty kolor.
p) Osączyć na papierze do pieczenia i podawać.
q) Możesz upiec samosy w piekarniku, jeśli wolisz mniej tłuste. Wystarczy posmarować olejem z obu stron i wstawić do piekarnika nagrzanego do 180°C na 20 minut lub do uzyskania złotego koloru ze wszystkich stron, obracając raz.

94. Kulki robaka Mopane

SKŁADNIKI:

- 100 g całych świeżych robaków Mopane
- 1 łyżka sproszkowanych robaków mopane
- 3 żółtka
- 1 łyżeczka soli
- 200 g ryżu mącznego, ugotowanego
- 50 gramów mąki
- ½ łyżeczki białego pieprzu
- 1 łyżka włoskiej przyprawy
- 1 szklanka bułki tartej
- Dodatkowe jajko do panierowania

INSTRUKCJE:

a) Oczyść i gotuj robaki mopane przez co najmniej 30 minut, aby były miękkie.

b) Rozgrzej piekarnik do 180°C. Natłuść i oprósz blachę do pieczenia.

c) W dużej misce wymieszaj robaki mopane,

d) sól, włoska przyprawa i biały pieprz. Odstaw na 30 minut.

e) Dodaj proszek robaków mopane i mączkę ryżową do mieszanki mopane i wymieszaj.

f) Stopniowo dodawaj żółtka, ciągle mieszając, aż masa stanie się miękką, elastyczną kulą.

g) Oprósz dłoń mąką. Umieść 1 łyżkę mieszanki w dłoni i zwiń w twardą kulkę.

h) Kulki panierować w jajku i białkach, a następnie obtaczać w bułce tartej i odstawić.

i) Umieść blachę do pieczenia i piecz na środkowej półce piekarnika przez 30-45 minut lub do uzyskania złotego koloru. Alternatywnie smaż kulki mopane w głębokim oleju, aż będą chrupiące na zewnątrz.

j) Podawać z gęstym sosem pomidorowo-cebulowym.

CHRZAKI WŁOSOWE

95. Babeczki Chafer Beetle

SKŁADNIKI:
- 2¼ szklanki mąki tortowej
- 2 łyżeczki proszku do pieczenia
- 1 łyżeczka soli
- 250 g margaryny lub masła
- ¾ szklanki cukru pudru
- 1 łyżeczka esencji waniliowej
- 2 jajka, ubite
- 300 gramów czekolady w proszku
- ½ szklanki sproszkowanych chrząszczy z fartuchów (przesianych 0,5 mm)
- ¼ szklanki parzonej zimnej kawy
- 4 łyżeczki kakao w proszku
- ½ szklanki kwaśnego mleka

INSTRUKCJE:

a) Rozgrzej piekarnik do 190°C. Foremki na muffinki wysmarować masłem i włożyć do nich foremki do babeczek.
b) Margarynę/masło utrzeć z cukrem. Wmieszać esencję waniliową.
c) Do miski przesiać mąkę tortową, proszek do pieczenia, sól, czekoladę i kakao.
d) Wbij jajka do ubitej margaryny i cukru po jednym na raz. Ciągle mieszając, na przemian dodawaj mieszankę mąki i kawę, kawałek po kawałku, aby uniknąć zsiadania.
e) Dodać proszek z chrząszczy fartucha i dokładnie wymieszać do uzyskania gęstej konsystencji. W razie potrzeby dodaj więcej kawy lub mleka.
f) Do papierowych babeczek/natłuszczonych i oprószonych mąką nakładać po łyżce masy
g) foremka do muffinek.
h) Piec w piekarniku przez 15 minut lub do momentu, aż dobrze wyrośnie, a wykałaczka wyjdzie czysta

96. Placuszki z Chrząszcza

SKŁADNIKI:

- 2 jajka, ubite
- 200 g samorosnącej mąki
- 1 średnia cebula, drobno posiekana
- 1 ząbek czosnku, zmiażdżony
- 300 ml oleju jadalnego
- Szczypta mielonego czarnego pieprzu
- 1 łyżeczka soli
- 300 g chrząszczy fartucha całych lub sproszkowanych

INSTRUKCJE:

a) Gotuj całe chrząszcze włoka przez 10 minut, następnie odcedź wodę. Powtórz trzy razy. Na ostatnim gotowaniu doprawiamy solą do smaku. Odpływ.

b) Włóż ugotowane chrząszcze do miski. Wymieszaj cebulę i 1 łyżeczkę oleju jadalnego. Fajny.

c) Mąkę przesiej do innej miski. Dodaj jajka, sól, rozgnieciony czosnek i czarny pieprz. Mieszać do lejącej konsystencji. Dodaj chrząszcze fartucha. Przykryj i wstaw do lodówki na 30 minut.

d) Pozostały olej rozgrzać na patelni.

e) Odmierzać czubate łyżki mieszanki i smażyć z każdej strony przez 3-4 minuty.

f) Podawać na gorąco.

śmierdzące robaki

97. Śmierdzące bryłki imbiru

SKŁADNIKI:

- 40 g upieczonych i grubo posiekanych śmierdzących owadów
- 200 g mąki tortowej
- 2 łyżeczki proszku do pieczenia
- 100 g margaryny lub masła
- 1 łyżka imbiru w proszku
- 2 jajka, ubite
- 50-100 ml świeżego mleka
- 80 gramów cukru
- 3 łyżki oleju do smażenia

INSTRUKCJE:

a) Oddziel wszystkie martwe owady, liście i zanieczyszczenia od żywych owadów.

b) Umieść żywe owady w glinianym garnku i dodaj niewielką ilość ciepłej wody, mieszając je drewnianą łyżką (Rysunek 12). Ten proces powoduje, że robaki uwalniają feromony alarmowe lub obronne, aby robale nabrały dobrego smaku. Na tym etapie należy zachować ostrożność, aby uniknąć bezpośredniego kontaktu wzrokowego z pióropuszami feromonów alarmowych. Powtórz ten proces trzy razy, aż błędy całkowicie znikną.

c) Owady przesiać z wody i wysuszyć na ogniu w garnku.

d) Użyj płomienia nad owadami, aby usunąć wszystkie pozostałe substancje lotne uwolnione przez martwe owady (Rysunek 13). Zmiana koloru z zielonego na złotobrązowy, która rozwija się po około 3 minutach, wskazuje na koniec suszenia.

PRZYGOTOWANIE CIASTA

e) Mąkę, proszek imbirowy i proszek do pieczenia przesiać razem.

f) Dodaj zmiażdżone jadalne śmierdzące pluskwy i cukier i wymieszaj, aby połączyć.

g) Margarynę/masło i cukier utrzeć na jasną i puszystą masę.

h) Dodaj ubite jajka i świeże mleko do suchych składników i ubij na miękkie, nieklejące się ciasto.

i) Łyżką formować małe kuleczki.

j) Ułóż kulki na wysmarowanej tłuszczem blasze i piecz w nagrzanym piekarniku przez 10 minut w temperaturze 180°C.

k) Alternatywnie rozgrzej olej we frytkownicy i smaż nuggetsy na złoty kolor.

l) Schłodzić nuggetsy i podawać.

98. Ciasteczka Minty Stinkbug

SKŁADNIKI:

- 1 szklanka cukru
- ½ szklanki miękkiego masła lub margaryny 1 jajko, ubite
- 1 łyżeczka esencji waniliowej
- 1 łyżeczka świeżej zmiażdżonej mięty 1 łyżeczka proszku do pieczenia
- 1 łyżeczka ciepłej wody
- ¼ łyżeczki soli
- 1¼ szklanki mąki tortowej
- ¼ szklanki sproszkowanego smrodu

INSTRUKCJE:

a) Rozgrzej piekarnik do 180°C. Nasmaruj blachę do pieczenia.

b) Margarynę i cukier utrzeć razem na jasną i puszystą masę.

c) Przesiej razem mąkę, sól i proszek śmierdzący.

d) Wbij jajko, miętę i esencję waniliową. Przesiać mąkę, proszek do pieczenia i proszek na owady i dodać trochę przesianych suchych składników do mieszanki, jeśli zacznie się zwijać.

e) Dodaj ciepłą wodę do ubitej śmietany. Wymieszaj resztę przesianej mąki, dodając mleko do uzyskania miękkiej konsystencji ciasta.

f) Łyżką ciasta (pełną łyżką) wyłożyć blachę do pieczenia i piec przez 10-12 minut.

99. Jadalny śmierdzący pluskwa i fasola

SKŁADNIKI:

- 5 plasterków cytryny
- 250 g jadalnych śmierdzących robaków
- 1 łyżeczka soli
- 2 łyżeczki oleju jadalnego
- 2 łyżki wody
- 250g świeżej fasolki szparagowej (fasola polna)

INSTRUKCJE:

a) Gotuj jadalne śmierdzące owady w soli i wodzie przez 5 minut.
b) Dodaj 1 łyżkę oleju jadalnego, gdy woda odparuje.
c) Smaż, aż będą chrupiące i złocistobrązowe (3 minuty).
d) Umyj fasolkę szparagową pod bieżącą wodą.
e) Fasolkę górną i ogonową pokroić na 1 cm kawałki.
f) Smaż fasolę przez 3 minuty na 1 łyżeczce oleju jadalnego.
g) Wymieszaj jadalne śmierdzące pluskwy i fasolę.
h) Użyj kawałków cytryny jako dekoracji.

100. **Sałatka Z Pieczarek Z Jadalnych Owadów**

SKŁADNIKI:

- 300 g pieczarek białych i/lub brązowych
- 2 łyżki oliwy z oliwek najwyższej jakości z pierwszego tłoczenia użyj najlepszej, jaką możesz dostać
- 1 łyżka oliwy truflowej lub dodatkowa łyżka oliwy z oliwek
- 1 łyżka świeżego soku z limonki
- 2 łyżeczki octu balsamicznego
- 2 łyżeczki musztardy Dijon
- Skórka otarta z 1 limonki
- 2 ząbki czosnku zmiażdżone
- 1 łyżeczka świeżo zmielonego czarnego pieprzu
- ½ szklanki natki pietruszki drobno posiekanej
- 15 g suszonych robaków

INSTRUKCJE:

a) Pieczarki myjemy i osuszamy, odcinamy nóżki (zachowamy na wywar)
b) Pieczarki bardzo drobno pokroić. Idealnie użyj zestawu mandoliny w najlepszym ustawieniu.
c) Wymieszaj oliwę z oliwek, oliwę truflową, sok z limonki, skórkę z limonki, musztardę, rozgnieciony czosnek, ocet balsamiczny i pieprz.
d) Dodaj owady do grzybów, polej dressingiem i delikatnie wymieszaj.
e) Pozostaw na 15 do 30 minut przed podaniem.
f) Posyp startym Parmigiano-Reggiano i podawaj.

WNIOSEK

Mamy nadzieję, że NAJLEPSZA KSIĄŻKA KUCHARSKA Z OWADAMI zainspirowała Cię do przyjęcia zrównoważonego i smacznego świata entomofagii. Włączając owady do swojej diety, nie tylko poszerzasz swoje kulinarne horyzonty, ale także przyczyniasz się do bardziej zrównoważonego systemu żywnościowego.

Owady to niezwykle pożywny, przyjazny dla środowiska i wszechstronny składnik, który można stosować w wielu różnych potrawach. Nasza książka kucharska zawiera 100 łatwych do wykonania przepisów na bazie owadów, którym towarzyszą kolorowe fotografie każdego dania. Od śniadania po deser, NAJLEPSZA KSIĄŻKA KUCHARSKA DOTYCZĄCA OWADÓW ma coś na każdy posiłek i okazję. Zachęcamy do dalszego odkrywania świata entomofagii i włączania owadów do diety w kreatywny i pyszny sposób. Śmiało, wypróbuj niektóre przepisy z tej książki kucharskiej i zaimponuj rodzinie i przyjaciołom swoimi umiejętnościami kulinarnymi.

Dziękujemy za dołączenie do nas w tej kulinarnej przygodzie i mamy nadzieję, że NAJLEPSZA KSIĄŻKA KUCHARSKA Z OWADAMI stanie się podstawą Twojej kuchni na długie lata!

Ingram Content Group UK Ltd.
Milton Keynes UK
UKHW020606260623
424049UK00007B/69